인생 영양학자 전형주의

맛있게
멋있게
나답게

인생 영양학자 전형주의

맛있게
멋있게
나답게

전형주 지음

팬덤북스

입맛이 쓴
대한민국 청춘들에게

맛은 꼭 혀로만 느끼지는 않습니다. 눈으로 보는 맛도 있고, 코로 느끼는 맛도 있으며, 글 한 줄에 전율하며 가슴으로 느끼는 맛도 있습니다. 저는 맛과 영양을 연구하는 학자이지만, 이 맛이 우리 삶 속에 늘 녹아 있다는 사실을 잘 압니다. 인생은 가끔 쓴맛이 나기도 하고, 좋은 사람들을 만나면 단맛이 느껴지기도 합니다. 인생의 희로애락은 단맛, 쓴맛, 신맛, 매운맛으로 다 구분이 됩니다.

나이가 든 선배들은 인생의 맛을 조금은 구분할 줄 알지만, 청춘들은 한 번도 경험하지 못한 황당한 맛에 당황하곤 합니다. 저는 하루 중 꽤 많은 시간을 청춘들과 함께 보냅니다. 그래서 그들이 당황하지 않도록 인생의 다양한 맛을 보여 주고 싶습니다. 이 책도 밥을 먹으며 제자들과 대화하듯 편안하게 나눈 이야기들로 소박하게 꾸미고 싶었습니다.

저는 2015년에 인생을 영양학적으로 풀어 쓴 에세이 《비우고 뒤집고 채우다》를 출간했습니다. 이번에 쓰는 책은 그 책의 시즌 2입니다. 첫 번째 책은 영양학이지만 두 번째 책은 맛과 멋을 이야기합니다. 인생을 조금 더 맛있고 멋있게 살 수 있는 방법을 같이 이야기하려 합니다.

맛의 세계는 참 오묘해서 단맛과 쓴맛이 섞이고 매운맛과 신맛이 만나면 새로운 맛의 세계가 만들어집니다. 우리 삶도 그렇습니다. 늘 쓴맛만 있지도 않고, 늘 달짝지근한 일상만 이어지지도 않습니다. 서로 섞여 새로운 맛을 내듯 다양한 희로애락이 섞여 어디에서도 맛볼 수 없는 오묘한 삶의 맛을 만들어 냅니다.

우리는 삶의 소비자이자 생산자입니다. 남들이 만들어 놓은 인생만 따라가면 수동적인 소비자가 됩니다. 자기 자신의 경험과 감각으로 새로운 맛을 만들어 내면 다른 이들이 흉내 내고 싶을 정도의 새로운 삶을 창조하고 생산하는 사람이 됩니다. 저는 이 책을 만나는 모든 청춘들이 수동적으로 끌려가는 소비자가 아니라 능동적으로 자기 인생을 만들어 가는 생산자였으면 합니다.

저는 '아프니까 청춘이다'라는 간단한 말로 청춘의 상황을 단정 짓고 싶지 않습니다. 제자들과 이야기를 나누다 보면 비록 현재의 상황이 힘들긴 하지만 그 속에서 지치지 않고 자기 꿈을 이루어 가려는 열정을 만납니다. 저는 이 시대 청춘의 가치를 비하하지 않습니다. 비가 오면 우산을 빌려주기보다 같이 비를 맞고자 합니다. 어떤 고민이 쓴맛인지 잘 알기에 다른 맛 하나를 첨가하여 색다른 맛을 보여 주고자 합니다.

학문을 계속하고 싶어도 1학년 때부터 취업을 걱정해야 하는 캠퍼스 분위기가 우울합니다. 저는 그 우울함 속에 거침없이 깔깔거리는 희망과 용기가 있다는 걸 잘 압니다. 시대가 걱정되어 촛불을 들지만 하루만 지나면 앞길이 걱정되어 도서관에서 미래를 위한 싸움에 빠져듭니다. 저는 이 청춘들에게 걱정만 한다고 해결되지는 않으니 그냥 순간에 충실하며 움직이라고 합니다. 청춘은 명사가 아니라 동사이기 때문입니다.

움직이지 않는 청춘은 청춘이 아닙니다. 신영복 선생님의 글 중에 '머리에서 가슴으로, 가슴에서 발까지'라는 구절을 본 적이 있습니다. 우리 삶은 머리에서 가슴까지 가는 것도 오래 걸립니다. 가슴까지 왔다고 해도 발로 내려가 실천을 하는 것은 힘듭니다. 저는 이 시대 청춘들이 조금 더 맛있는 삶을 살기 위해 머리에서 가슴을 거쳐 발까지 내려가기를 권합니다.

늘 그렇지만 사는 게 참 힘듭니다. 잘사는 것 같은 사람도 힘들고, 못사는 것 같은 사람은 더 힘듭니다. 힘들지만 서로에게 위로가 되는 만남을 갖기란 쉽지 않습니다. 친구와 만나 한잔 나누며 서로를 응원하는 자리를 갖기도 쉽지 않습니다. 각자 너무 바쁩니다. 부모와 자식 간의 만남도 예전만 못합니다. "아빠, 나 조금 힘드네"라고 말하기가 쉽지 않습니다.

서로 토닥이며 걸어가야 하는 인생인데, 우리는 하루하루를 살아가면서 뭔가 허기져 있습니다. 이 책이 허기를 조금이나마 채워 드리고 싶습니다. '이렇게 살아도 되는 걸까?' 고민하는 청춘들의 영양 불균형, 인생 불균형을 잡아 드리고 싶습니다.

돈, 사랑, 자식, 관계, 건강, 자존심, 행복……. 이런 단어들은 결국 우리 인생을 이야기합니다. 이 책에는 다양한 인생이 나옵니다. 여러분이 궁금해할 인생의 맛을 제가 다양한 레시피로 보여 드리겠습니다. 청춘들의 술자리나 식사 자리에서 나올 이야기들이 쑥쑥 튀어나올 겁니다. 이야기들과 함께 춤을 춥시다. '그래, 나도 그 맛이 궁금했어' 하는 내용들을 만날 겁니다. 겨울에 읽으면 따끈한 정종과 어묵을 먹는 기분일 것이고, 여름에 읽으면 한강 변에 앉아 시원한 맥주와 치킨을 먹는 기분일 것입니다.

여러분이나 저나 같은 시대를 살아가는 동지입니다. 저도 여러분과 같은 마음이 되어 이 책을 씁니다. 세계적으로 유명해진 모든 사람들도 젊은 시절에는 밤잠 못 자며 자신들의 미래를 걱정했습니다. 사는 게 그런 겁니다. 인생의 맛이 그런 겁니다. 인생에서 자신만의 맛을 만들어 가야 합니다.

다시 한 번 강조하지만, 저는 청춘들의 선배가 아니고 동지입니다. 동지들에게 뭘 하지 말라고 이야기하기보다 이런 걸 해보면 어떠냐고 권합니다. 머리에서 이해한 상식이 가슴으로 내려가 종을 울리고, 발까지 내려가 실천을 하라고 권합니다. 그게 제가 바라는 소박한 소망입니다. 책을 집어 든 순간 여러분도 자신의 인생이 정말 맛있고 멋있는 인생이라는 사실을 발견할 것입니다. 인생 영양학자인 전형주가 이 시대 청춘의 소중하고 경건한 하루하루에 힘찬 응원을 보냅니다.

장안대 캠퍼스를 거닐며,

전형주

PROLOGUE　　　　　입맛이 쓴 대한민국 청춘들에게 ___ 4

자존의
열량을
올려라

자존심을 높여야 참자유를 누린다 ___ 14

내가 가진 것이 가장 소중하다 ___ 21

자유로운 인생을 요리하는 셰프는 바로 자신 ___ 26

착함의 당당함을 찾자! ___ 32

열정
스무디를
마셔
보았는가

열정, 나를 불사를 줄 아는 뜨거움 ___ 40

몰입의 희열을 경험해 보았는가? ___ 45

치열하게 더욱 치열하게 덤벼들자 ___ 50

꿈은 구체적이어야 한다 ___ 55

**배려는
영양가
높은
사랑즙이다**

자기를 배려하는 사람이 행복하다 ___ 62

배려 지수가 높아야 진짜 멋있는 사람 ___ 68

있는 그대로 바라보자 ___ 73

**자신을
요리해야
세상을
요리한다**

우리에게는 잠시 멈춤이 필요하다 ___ 80

가슴이 떨릴 때 여행하자 ___ 86

1년에 한 번 문명에서 탈출하는 것도 멋이다 ___ 92

인생은 속도전이 아니다 ___ 99

**비교하는
순간
배가
아파 온다**

보기 좋은 떡이 먹기도 좋을까? ___ 106

맛은 서로를 비교하지 않는다 ___ 111

비타민 같은 인생은 어떤 인생일까? ___ 116

우리 삶의 5대 영양소는 무엇일까? ___ 121

인간관계를 다이어트 하라

인간관계에서는 무엇을 비워야 할까? ___ 130

적을 만들지 않는 방법은 무엇일까? ___ 135

고슴도치처럼 사랑하고, 난로처럼 다가가자 ___ 141

함께 사는 사람, 혼자 사는 사람 ___ 147

마음을 비우고 평화를 채워라

생각의 쓰레기를 버리자 ___ 154

욕을 하면 내가 가장 피해를 입는다 ___ 158

미움을 포기해야 인생이 평온하다 ___ 164

우리는 어떻게 이웃과 평화롭게 지낼 것인가? ___ 169

나만의 행복 레시피를 만들자

지금 당신은 무엇에 중독되어 있는가? ___ 176

즐거운 삶은 세월이 더디 가게 하는 묘약 ___ 181

하루 중 가장 행복한 순간은? ___ 187

행복을 오래 느끼려면 느긋하게 즐겨야 한다 ___ 192

**마음을
덜어 내면
몸이
가벼워진다**

마음을 고요한 물처럼 맑게 하자 ___ 200

비움과 채움 사이에 나눔이 있다 ___ 205

마음을 자꾸 퍼내면 맑아진다 ___ 211

스스로 기쁘고 남도 기쁘게 하는 방법 ___ 218

**인생,
썩히지
말고
발효시켜라**

사람은 누구나 변하지만 썩지는 말자 ___ 226

인생 발효, 환경이 중요하다. ___ 232

유해균이 나를 성숙하게 만든다 ___ 238

사람의 마디는 어디인가? ___ 243

EPILOGUE

죽을 때 후회할 리스트를 지금부터 줄이세요 ___ 248

자존은 삶의 원재료다.
원재료가 좋아야 요리의 맛이 달라진다.
자존은 삶을 스스로 살아가는 힘이다.
의존하고 기대고 따라가는 삶은
나를 즐겁게 하지 못한다.
내 방식대로 당당하게 살면
인생의 맛도 달라진다.

자존의
열랑을
올려라

자존심을 높여야 참자유를 누린다

우리가 이룬 것만큼
이루지 못한 것도 자랑스럽습니다.
- 스티브 잡스

우리나라 자살률이 OECD 국가 중 상위권이라는 보고가 있다. 씁쓸한 이야기다. 자살하는 사람도 대부분 젊은 친구들이 많다. 그들은 왜 꽃다운 나이를 버릴까? 교통사고 사망자보다 자살 사망자가 더 많은 나라. 왜 이렇게 대한민국은 우울해졌을까? 세상 살기 정말 힘들어졌다는 말도 인정한다. 정치권이 문제라는 점도 공감한다. 하지만 아무리 그래도 생명까지 버려서야……

인터넷 검색창에 자살 예방을 치면 꽤 많은 사이트가 뜬다. 그만큼 자살하는 사람이 많기에 예방하려는 사람도 많다는 얘기다. 요즘 아이들은 공부에 시달리고 폭력에 시달린다. 이를 견디다 못해 자살하는 친구들이 많다. 어떻게 부여받은 생명인데 그리 쉽게 자신을 내던질까? 무위당 장일순 선생은 이런 말을 한다.

"아무리 훌륭하게 보이는 것도 죽어 있으면 살아 있는 풀에 미치지 못한다. 죽으면 아무 소용이 없다. 자기를 달래고 위로하면서 살아야 한다."

나는 작년에 낸 책에 자학보다 '자뻑'을 권했다. 자뻑은 자기 자신에게 살아가는 용기를 주는 연습이고 세상에 의연하게 대처할 힘도 준다. 길가의 버려진 풀도 자학으로 자살하지는 않는다. 부디 풀보다 못한 인생을 살지 말자고 얘기하고 싶다. 그러려면 자기 몸 속에 자뻑의 면역 세포를 많이 키워야 한다. 자기 스스로 자존감을 가지고 사는 것과 자기가 다른 사람을 의식하는 자존심, 둘 모두가 필요하다. 그렇다면 어떻게 해야 자존심을 갖고 살 수 있을까?

자존심은 인생에서 최고의 메인이다. 바꿔 말하면 인생에서 나의 존재 가치를 인정하느냐 안 하느냐, 딱 그렇게 이야기할 수 있기 때문이다. 자존심은 나의 존재 가치를 최고로 인정해야 얻는다. 최고로 인정하려면 먼저 나를 최고로 만들어야 한다. 아무것도 없는데 최고인 척하는 사람은 사기를 치거나 거짓말을 하는 것이다.

최고로 만들어서 올리는 것이란 나를 긍정하고, 나를 사랑하고,

나를 건강하게 만드는 것이다. 남을 배려하고, 베풀고, 용서하고, 사랑하는 것이다. 그런 것으로 나를 올려 줘야 한다. 자존심 올려 주기도 방법론이 필요하다. 책을 읽는다든지, 종교를 갖는다든지, 기도를 한다든지, 주변과 잘 어울린다든지, 지적 소통 능력을 갖는다든지, 유능한 경제력을 갖는다든지 등 뭐든 있어야 자존심이 올라간다.

바닥에 있는 사람에게도 자존심을 올리도록 이야기해 줘야 한다. 그런 분들의 자존심을 올려 주는 것이 건강한 사회를 만드는 방법 중 하나이다. 건강한 사회라면 약한 사람에게 손을 내밀어야 한다. 누군가보다 잘난 부분은 조금 약한 사람을 위해 써야 하지 않겠는가. 나는 평범의 플러스알파는 남을 위해 써야 한다고 생각한다.

세속적으로 유명하지 않은 사람들 중에 뛰어난 사람들이 굉장히 많다. 예를 들어 삼성전자의 반도체 연구원을 보자. 세상에 알려져 있지 않지만 우리나라를 위해 아주 중요한 일을 한다. 정작 사람들은 그가 무슨 중요한 일을 하는지 잘 모른다. 회사 내에서도 소속된 부서만 그의 주요 업무를 알지 아무도 모른다. 그럼에도 그는 아주 뛰어난 자존심을 갖고 있는 사람이다.

바리스타의 경우는 어떤가. 어떤 카페는 커피 맛이 아주 끝내준다. 사람들이 멀리서도 몰려든다. 바리스타는 월급쟁이지만 시키는 일만 수동적으로 하지 않고 고객에게 맛있는 커피를 주기 위해 최선을 다해서 노력한다. 그는 마치 오너처럼 커피 향과 맛을 즐기는 사람을 통해 행복을 느낀다. 그렇다면 이 바리스타는 자존심이 굉장히 높은 사람이다.

우리도 인정해 줘야 한다. 커피를 마시고 나서 오늘 맛있게 마셔서 행복하고 고맙다고 말하자. 그래야 그의 자존심이 올라가고, 그를 인정해 준 나의 자존심도 올라간다. 인생에서 이게 참 중요하다. 나의 가치를 인정하듯이 상대방의 가치도 인정해야 한다.

비타민 같은 건강 기능 식품도 마찬가지다. 비타민을 만드는 제약 회사에는 보이지 않는 곳에서 열심히 우리들을 건강하게 해주기 위해 애쓰는 사람이 있다. 잘 만들어서 우리에게 젊음을 주고 몸의 생리 기능을 좋게 해준다. 제약 회사 직원은 비록 월급쟁이지만 자신감과 자존심을 가지고 있는 사람이다. '건강 기능 식품을 내가 열심히 잘 만들어야지' 하고 마음먹으며 일하는 사람이라 자존심이 아주 높다.

요즘은 고추나 파프리카 같은 농작물에 농사지은 사람의 이름이 붙어서 매장에 나온다. 농산물 생산자 실명제라고 한다. 나름 자존심을 대외적으로 드러낸 경우이다. 심지어 농작물에 자기 얼굴 사진을 붙여서 상품으로 내놓는 사람도 있다.

영화나 드라마를 봐도 주인공만큼이나 중요한 역할을 하는 조연들이 많다. 우리는 그들의 가치를 쉽게 인정하지 않는다. 또 그들 스스로 자신의 가치를 인정하지 않는 경우도 있다. 주인공만 대접받는 세상이 아니라 사회 구성원 모두가 인정받는 세상이 되려면 모두가 서로를 인정해 주어야 한다. 어느 자리의 어떤 사람이든 최선을 다하고 마땅한 대접을 받아야 하는 것이다.

연극 공연을 보고 나면 앞에 나온 배우 말고 스태프들에게도 "수고했어요. 오늘 고생하셨어요"라고 인사해 줘야 한다. 한마디만 해 주어도 그들의 기분이 살아나고 자존심도 올라간다. TV 프로그램 녹화에서도 같이 고생한 스태프나 작가들에게 한마디 인사는 한다.

"오늘 너희들이 한 노고를 인정한다. 너무 고맙다."

인사 한마디가 그들도 살리면서 자신의 가치도 올리는 것이다. 나는 방송을 통해 작가와 제작진들의 수고를 자주 만난다. 녹화나 생방송이 끝나면 출연진보다 많은 노력과 정성을 들여 한 프로그램을 만드는 작가들에게 고마운 마음을 전한다. 그들이 불편하지 않도록 내가 할 수 있는 답변에 최선을 다한다. 그래선지 방송계에서 나는 작가들을 꽤 편하게 해주는 교수, 추천하고 싶은 교수로 통한다고 들었다. 나보다 수고하는 스태프들을 진심으로 이해하고 있기 때문일 것이다. 힘들고 지치고 짜증 나더라도 보이지 않는 곳에서 고생하는 사람들의 가치를 돌아볼 줄 아는 여유가 우리 사회에 있었으면 좋겠다.

　자존심이 높은 사람은 향기롭다. 자존심은 자신의 가치를 최고로 올려 주는 바탕이다. 자존심은 자신의 존엄을 제대로 알고 타인과 세상의 모든 것을 존중하는 정신이다. 잘났다고 우쭐대는 마음이나 스스로 뽐내며 자랑하는 자만심과 자존심은 천지 차이다. 자존심을 높이면 한 번뿐인 인생을 멋지게 사는 지혜를 얻는다.

　나는 아울렛의 중저가 매장에서 옷을 살 때가 많다. 명품 가게를 자주 찾는 친구는 내게 좀 없어 보인다며 먹는 음식과 입는 옷은 좋은 것을 사야 한다고 말하곤 한다. "없어 보이는 거 좋아하시네"가 내 대답이다. 지하도 매장에도, 저렴한 인터넷 사이트에도 '좋은 것'이 많은데 그래도 나는 그보다는 비싼 곳을 이용하는 편이다. 어디건 '좋은 것'이 얼마나 많은지 모른다. '좋은 것'이란 내게 편하고 마음에 드는 것이니까.

　그렇다고 명품을 입는 사람을 뭐라고 할 필요는 없다. 그것도 본인의 선택인 것이다. 돈이 많아서 명품을 입어야 한다면, 꼭 그래야 행복하다면 그 나름대로 그의 몫이다. 나의 경우 누군가 공짜로 주면 입을지 몰라도, 한 장에 백만 원이나 하는 블라우스를 사 입을 생각을 하지 않는 것은 나의 선택일 뿐이다. 자칭 약간의 패션 감각이 있는 내 눈에는 가격 대비 디자인이 촌스러운 옷도 많다. 그래서 본전이 아깝지 않을 곳에서 내 눈에 예쁜 평균 가격의 옷을 산다. 우스운 것은 내가 입은 블라우스가 명품이냐고 묻는 사람들이 가끔 있다는 것이다. 명품이 무슨 상관이겠는가? 내면의 명품이 중요하다. 자존심은 겉옷에서 오지 않고 마음 깊은 곳에 있는 것임을 알고 있기 때문이다.

멋있고 맛있는 인생 레시피   자존심을 갖고 살자

자존심, 자존감은 자기를 배려하는 가장 소중한 방법입니다. 자기를 존중할 줄 아는 사람이 남을 존중합니다. 하늘은 스스로 돕는 자를 돕는다는 말은 인생 명언입니다. 자기 스스로를 도우십시오. 자기의 가치를 살리십시오. 나의 존재가 얼마나 중요한지를 만천하에 알리십시오. 멋있는 사람의 인생 척추는 자존심으로 지탱합니다.

내가 가진 것이 가장 소중하다

우리를 망치는 것은 다른 사람들의 눈이다.
만약 나를 제외한 다른 모든 사람이 장님이라면
굳이 고래 등 같은 집도 번쩍이는 가구도 원할 필요가 없을 것이다.
- 벤저민 프랭클린

실패하고 싶다면 다른 사람과 비교하며 살라는 말이 있다. 옛말에 '집에서 기르는 강아지도 옆집 개와 비교하면 풀이 죽어 식음을 전폐한다'고 했다. 하물며 개도 그럴진대 우리는 자식 교육시키면서 수시로 남의 자식과 비교해 기를 죽이는 것 같다. 우리는 70억분의 1이라는 소중한 가치를 지닌 사람이다. 세계 어디에도 나하고 똑같은 사람은 없다. 세상을 'Only 1'의 가치로 살아가야지 'No 1'의 가치에 끌려다니면 안 된다. 비교하며 끌려다니는 순간 인생은 불행의 바이러스로 가득 차고 만다.

사람들은 멀쩡한 차를 가지고 있으면서도 좋은 차를 탐낸다. 좋은 집을 가지고 있으면서도 더 좋은 집을 꿈꾼다. 사실 자기가 가지고 있는 것들 중에 꼭 물건은 아니더라도 소중한 것이 꽤 많다. 그건 보지 못하고 자기에게 없는 것들만 본다. 자기가 가진 것을 하찮게 여기는 병 중의 하나가 비교병이다. 사람들은 다양하게 비교를 해서 멀쩡한 자신을 초라하게 만든다. 비교하는 순간 행복 지수는 내려오게 되어 있다.

나이 들어서 병들고 몸이 말을 잘 안 듣는 사람이 늘어놓는 하소연을 들어 보면 대부분 이런 이야기다.

"내가 가진 것이 세상에서 가장 귀했다는 걸 왜 이제야 알았는지 모르겠다."

있을 때는 잘 모른다. 자기 마누라 귀한 줄 모르고, 자기 자식 귀한 줄 모른다. 평범한 일상은 이루지 못한 꿈과 공존할 때 가치를 상실한다고 한다.

가지지 못한 것을 그리워하고 갈구하는 이유는 아마 인간만이 가진 이기적인 습성 때문일 것이다. 《빅 픽처》라는 책을 흥미롭게 봤다. 내가 나일 때 이루지 못한 꿈을 남이 되어 살아가면서 이룬다는 흥미로운 이야기이다. 아무리 좋은 걸 가지고 있어도 남의 떡이 더 커 보이는 법이다.

사람은 자기 곁에 있는 것의 소중함을 잘 모른다. 어떤 어려움으로 소중한 것이 다치거나 잃어버리면 그 가치를 겨우 알게 된다. 지금 나에게 당연히 주어진 모든 것들이 사실은 당연하지 않다는 생각을 해야 한다. 주어진 것에 고마워하지 않는 사람에게는 고마워할 일이 더 이상 찾아오지 않는다.

두 다리 멀쩡하고, 얼굴에 화상 자국 하나 없이 깨끗하고, 손가락 발가락도 자유자재로 움직이고, 아주 부자는 아니지만 여행 가고 싶을 때 떠나는 여유 정도는 있는 것. 모두 소중하고 고마운 것들이다. 좀 더 원초적으로 들어가서 내가 숨을 쉬고 있는 이 순간조차도 고맙다. 오늘 하루는 어제 죽은 사람이 그토록 바라던 내일이라는 상투적인 말도 있지 않은가.

작은 것의 소중함은 병원에 가거나 호스피스 병동에서 일을 해보면 바로 느낄 수 있다. 이승과 작별하는 분들의 이야기를 들으면 인생을 어떻게 살아야 하는지 답을 얻는다. "난 죽기 싫어요. 일 년만 더 살게 해주세요"라고 매달리는 분도 있고, "미안하다. 용서해라"고 말하는 분도 있다. 어떤 분은 "한평생 잘 살았다. 이젠 죽어도 괜찮아"라고 이야기한다. 그렇게 말하는 분은 잘 살다가 가시는 분이다.

서울성모병원 호스피스센터 최상옥 수녀가 전해 준 말이 있다. 삶의 막바지에 이른 사람들은 바쁘다고 가족과 건강을 돌보지 못한 것이 후회스럽다고 한다. 사랑하는 사람들에게 "사랑한다", "고맙다"고 표현하지 않은 것이 가장 아쉽다고도 한다. 호스피스 전문의 오츠 슈이치가 쓴 《죽을 때 후회하는 스물다섯 가지》라는 책에서도 '사랑하는 사람에게 고맙다고 말하지 않았던 것'을 꼽고 있다.

지금 주변을 둘러보라. 남들이 부러워하는 것들이 의외로 많다. 우리는 그것에 고마워하지 않고 남이 가진 것만 부러워한다. 소중한 것은 늘 내 주변 가까이 있다. 행복도 가까이 있고 진리도 가까이 있다.

하느님은 소중한 것들을 모두 가까운 곳에 숨겨 놓았다. 너무 쉬운 곳에 숨겨 놓으니 설마 내가 찾는 건 아니겠지 하면서 허송세월한다. 세상의 행복과 진리는 의외로 단순하고 쉬운 곳에 있다. 바로 당신 가장 가까운 곳에.

〈미생〉으로 성공한 윤태호 작가는 우리 사회를 보며 일상이 조금씩 무너지는 것 같다고 말한다. 그에게 살고 싶은 나라가 어떤 나라냐고 물었다.

"사소한 일상의 질서가 복원되는 사회입니다."

부모와 자식, 부부, 애인, 친구, 직장의 동료 간에도 마찬가지다.

우리 일상 속에서 사소한 것들의 가치를 다시 복원하는 사람이 되고, 그로 인해 웃을 수 있는 사회가 왔으면 좋겠다.

멋있고 맛있는 인생 레시피　　　　　　　　사소한 것을 소중히 하자

우리는 사소한 것들의 소중함을 금방 잊습니다. 특히 자기가 가진 것들은 모두 사소해 보이고 남들이 가진 것은 대단해 보인다는 착각을 하고 삽니다. 사소한 감정, 사소한 물건, 사소한 관계……. 세상은 결국 사소한 것들로 이루어져 있습니다. 사소한 것들을 소중하게 다루십시오.

자유로운 인생을 요리하는 셰프는 바로 자신

배고픈 사람은
자유로운 사람이 아니다.
- 아들라이 스티븐슨

멋있고 맛있게 사는 사람을 보면 자기 인생을 잘 요리하는 모습을 보는 것만 같다. 그는 어떤 감성과 가치로 어떤 즐거움을 만들어 낼지를 잘 안다. 삶의 순간순간마다 자기의 장점을 잘 드러내는 비법이 있다. 결국은 인생을 맛있게 요리하는 셰프는 바로 자신이라는 것이다. 남 의식하지 않고 자기를 존중하며, 자기가 좋아하는 걸 찾고, 자신의 인생을 즐기는 자가 진정 자기 인생을 요리하는 셰프가 아닐까?

자기 인생은 오직 자기밖에 못 만든다. 자기가 자기를 만들려면 먼저 자유로운 사람이 되어야 한다. 자유로운 사람이 되면 자기 수준이 높아지고 존재 가치도 살아난다. 자전거를 처음 배울 때를 생각해 보자. 누군가 뒤에서 잡아 주면 넘어지지 않고 앞으로 잘 간다. 어느 순간 잡아 주던 사람이 손을 놓는다. 그런데도 그걸 모르고 잘 달린다.

우리 인생이란 처음에는 누군가의 도움을 받기 마련이다. 그러다가 어느 순간 자기 스타일대로 가게 되어 있다. 계속 의존만 하는 사람은 자기 인생을 못 산다. 누가 뒤에서 잡아 주거나 밀어 주지 않으면 안 되는 사람은 가고 싶은 곳으로 신나게 달리지 못한다.

요리에 비유해도 마찬가지다. 어떤 사람들은 다른 사람들의 입맛에 길들여져 산다. 자기가 어떤 걸 좋아하고 맛있어하는지를 까먹을 정도이다. 학벌, 돈, 명예 같은 것들이 모두 다른 사람들이 생각하는 가치다. 인생이 이런 것들로만 즐거워지지는 않는다. 그런데도 거기에 얽매여 살아간다. 자기 인생을 요리하는 사람이 아닌 것이다.

지난해 출간한 《비우고, 뒤집고, 채우다》에서 비움을 강조한 이유는 몸과 마음을 가볍게 해야 자유로울 수 있기 때문이다. 무언가를 움켜쥐면 손이 자유롭지 못한 게 당연하다. 몸에 무언가를 가득 채우면 무겁고 자유롭지 못해 다이어트를 해야 한다. 20년 동안 사용했던 메일 주소가 befree(자유로워라)인데, 아직 내 마음뿐 아니라 많은 것에서 자유롭지 못하다. 제자들에게 자유로워야 한다고 말하면서 나는 남의 눈치도 보고 남의 평가에 흔들리기도 한다.

죽기 전에는 완벽한 자유인이 될 방법이 없어 보인다. 인생이 다 얽혀 있어서 자유롭기가 쉽지 않다. 우리는 자유롭고 행복한 사람을 지향한다. 지향점을 향해 부단히 노력하면서 살아야 잘 사는 것이다.

자유의 최고 경지, 즉 해탈을 하는 사람은 보통 인간이 아니다. 사실 일상에서 늘 자유로운 사람이 될 수 없다면 자유로운 사람이 되기 위한 어떤 계기가 필요하다. 어떠한 계기가 주어졌을 때 비로소 자유로운 사람이 될 수 있다.

자유란 누구에게 의지하지 않는다는 것이다. 영혼과 육신의 두 바퀴를 굴리며 넓은 세상으로 신나고 자유롭게 달려가려면 누구에게도 의지하지 않고 자기 인생을 스스로 조정해야 한다. 자전거를 잘 타려면 자신의 몸과 자전거가 균형을 이루어야 한다. 인생도 마찬가지다. 힘들 때는 힘든 쪽에 집중하고, 아플 때는 아픈 곳을 살펴야 한다. 그래야 인생에 균형이 잡힌다.

마음이 어두우면 귀신들의 놀이터가 되기 십상이다. 마음이 밝으면 온 세상은 자기 것이 된다. 그게 자유다. 자유를 누리려면 외부 상황이 어떻든 마음은 구애를 받지 말아야 한다. 자기 욕구를 그대로 둔 채 상황을 변화시켜 만족을 얻으려는 방식이 문제다. 주변 상황은 쉽게 변하지 않기에 힘든 것이다. 쉽게 변할 것이라 생각하거나 의존하는 순간 노예가 된다.

하늘은 스스로 돕는 자를 돕는다고 했다. 고통도, 슬픔도, 기쁨도, 사랑도 온전히 맛보며 자기 인생을 살아야 한다. 남이 대신 살아 주는 인생이 아니다. 본인이 온몸으로 느껴야 한다. 피하지 말고 모든 것을 받아들여야 한다. 역풍이 나를 거세게 밀어붙여도 뚫고 나갈 자세로 덤벼들어야 한다. 그래야 인생의 희열을 느낄 수 있고, 진정한 자유를 얻을 수 있다. 내 힘으로 해냈으니 기쁘고, 직접 만든 결과니 자유로운 것이다.

요즘 가식적인 사람들이 많다. 나는 가식적이지 못하고 솔직한 편이다. '손해 봐도 솔직하게'라는 식의 내가 싫지 않다. 가식이 사회생활의 한 방법이라고 말하는 사람들도 있지만 결국 가식은 거짓말이다. 상대를 향해 당당하지 못함은 스스로에게도 자유가 아니다. 속으로는 엉큼하게 많이 감추면서 겉으로는 안 그런 척하고, 친한 척하고, 친절한 척한다. 그런 사람들은 자연스럽게 습관이 들어 있다.

사람은 솔직해야 자유롭지 않나? 어떤 사람은 겉으로는 솔직한 척하면서 속으로는 자기 계산을 한다. 사람 관계에서 무언가 계산을 한다는 건 상대방에게 보이는 행동을 가식적으로 한다는 의미이다.

언젠가 라디오에서 〈배철수의 음악 캠프〉를 들었다. 뤽 베송이 나와서 영화감독으로 성공한 비결을 이야기하는 중이었다. 그때 두 사람은 솔직함에 대해 의견을 나눴다. 뤽 베송이 말했다.

"뭘 할 수 있고 뭘 할 수 없는지 자신에게 솔직하라."

배철수가 말을 받았다.

"굉장히 중요하고 철학적인 이야기네요. 대부분은 자신에게 관대하기 마련인데."

한국 사람들이 잘 쓰는 말이 있다. "아싸리하게", "까놓고 얘기해서", "솔직히 말해서" 등이다. 이런 말을 자주 하는 사람들은 대부분 솔직하지 않아서 그렇다고 생각한다. 정말 솔직한 사람은 과장된 수식어를 앞에 붙이지 않는다. 가식적인 사람은 겉보기만 신경 쓴다. 단팥빵에 단팥은 없는, 그야말로 속 빈 강정인 상태다. 가슴은 이미 차갑게 식어 있는데 가슴 따뜻한 사랑을 이야기하는 식이다. 가식적이란 말은 뭔가 계산을 하고 있다는 것이다. 사람을 진심으로 대하는 태도가 아니다.

사람이 자유로우려면 솔직하고 당당해야 한다. 물론 너무 솔직해서 상처를 받는 사람도 많다. 상대가 어떤 사람인지 보면서 솔직해야 하는데 아무에게나 속마음을 드러내다 이용당하는 경우도 생기는 것이다. 그러다 보면 솔직한 자세가 움츠러들기도 한다. 그래도 솔직해야 한다. 싫으면 싫은 티도 내면서 자신의 감정에 솔직해야 한다.

진짜 자유로운 사람은 자신의 감정과 욕구에서 자유롭다. 우선 자신의 감정을 잘 들여다보아야 한다. 이런저런 순간에 자신의 감정이 어떻게 변하는지 알아야 통제할 수 있다. 사람에게 상처받은 감정도 보듬고 스스로 치료할 수 있어야 한다. 누가 대신 치료해 주지 않는다. 심리학이나 정신과 전문가는 그저 조언만 할 뿐이다. 모든 것을 스스로 해내야 한다. 자유는 오로지 자신의 힘으로 쟁취하는 것이다. 가식 없이 솔직 당당하게 말이다.

멋있고 맛있는 인생 레시피 　　　　　주눅 들지 말고 살자

어떻게 태어난 인생인데 남 앞에서 주눅 들며 삽니까. 그까짓 돈, 명예 조금 가졌다고 나보다 천 배 만 배 잘난 게 아닙니다. 세상에 단 하나뿐인 자기 존재를 사랑하십시오. 자기 감정에 솔직하고 당당하십시오. 싫은 걸 싫다고 하고 좋은 걸 좋다고 하십시오. 누구 눈치 보지 말고 자기를 표현하십시오. 세상 사람들에게 도움을 좀 받았다고 너무 움츠러들거나 미안해하지도 마십시오. 내가 누군가를 도와주지 못했다고 해도 너무 작아지지 마십시오. 양심을 가지고 있으면 좋지만 양심이 자존심을 너무 누르게 하지는 마십시오.

착함의 당당함을 찾자!

악을 피하기 위해 선을 저지름은
선일 수 없다.
- 프리드리히 실러

우리 주변에는 착한 바이러스에 걸린 사람들이 의외로 많다. 상사, 친구, 가족이 기분 나쁜 소리를 해도 자기는 원래 착한 사람이라면서 아무런 저항도 하지 않고 물러난다. 왜 몰상식한 짓을 하는 사람 앞에서 착해야만 할까. 그렇게 착하면 누가 알아줄까. 분명 나중에 "왜 그때 아무런 저항을 하지 못했을까?" 하며 자책한다. 자책이 쌓이면 울화병과 우울증이 손잡고 찾아온다. 결국 저항하지 못하고 순진하게 당한 후에 자신이 더 망가져 감을 느끼게 된다.

요즘 세상은 그냥 착하고 순진하게만 살아서는 곤란하다. 서로

헐뜯고 싸우지는 않더라도 적어도 남들이 나를 무시하고 얕잡아 보게 해서는 안 된다. 사람들은 상대가 조금이라도 착하거나 순진한 기미가 보이면 이용하려 든다. 이게 문제다. 사실 착하면 좋은 건데 세상이 험해지다 보니 그냥 착하기만 해서는 안 되는 세상으로 바뀌는 듯하다. 착한 건 좋지만 어느 정도의 가시를 지니고 있어야 한다. 그래야 내가 조금 덜 상처받고 스트레스도 최소화하면서 살지 않을까?

순하게 순종하면서 세상을 따라가는 인생도 있다. 나는 그렇게 살고 싶지 않다. 때로는 모나지 않게 사는 게 현명할 수 있다. 그런 인생은 뭔가에 끌려가는 인생이다. 자기 주관대로, 자기 소신대로 남 눈치 안 보며 당당하게 살아가는 인생이 멋지지 않은가?

남에게 순하고 착하게, 남이 요구하면 들어주고 그냥 응하다 보면 나는 힘들어진다. 그러니까 남이 뭘 원하든 원하지 않든 내가 중심이 되어 옳다고 생각하는 걸 밀고 나간다. 그러면 남들은 착하게 산다고 생각 안 한다. 그냥 자신 있게 당당하게 산다고 생각한다. 착하다는 표현하고는 좀 다르다. 근데 그게 같이 갈 수 있는 건가? 나는 같이 갈 수 없다고 본다. 순하고 착하고 남에게 응해 주는 개념하고는 같이 가지 못한다.

예전에는 착하게 다른 사람들을 더 생각하면서 살았다. 지금은 그냥 당당하게 하고 싶은 것을 하며 살겠다고 생각한다. 그러다 보면 남한테 덜 착하게 보인다. 남이 보기에 악하지는 않아도, 순하고 착한 것과 당당하고 두려움 없는 개념은 조금 다르지 않을까?

가끔 나도 부당한 상황에서 너무 순하고 착하게 대응이나 변변한 대꾸도 제대로 못 하는 경우가 있다. 그러면 후회막급이다. 심지어 제대로 대처하지 못한 자신이 밉고 속상해진다. 왜 나는 대응을 못 했을까 후회한다. 내가 좀 작아 보이는 순간이 생긴다. 그게 양심의 싸움일까? 누군가 이런 말을 한다. 사람은 늘 양심과 욕심 사이에서 방황한다고. 나도 그렇다.

짐승 같으면 먹이를 놓고 죽기 살기로 싸운다. 암컷을 놓고 수컷끼리 죽기 살기로 싸운다. 그러다 죽어도 그만이다. 짐승들은 양심에 죄책감을 느끼지 않을 것이다. 자기 생존을 위해 당연하다고 생각할 것이다. 생존하기 위해 들판에 있는 풀을 다 뜯어 먹거나 자기보다 약한 개체를 잡아먹는다. 당연한 일이다.

내가 오늘 저녁에 삼겹살 먹었다고 죄책감 안 느긴다. 이게 돼지한테 죄를 짓는 것일까? 내가 당당하려면, 내 존재가 당당하려면 그 정도는 뛰어넘는 순함이 좋다. 순함은 굴종이나 말을 잘 듣는다는 개념이 아니다. 순함에는 당당함이 숨어 있다.

당당하려면 자기를 들여다볼 줄 알아야 한다. 남이 바라보는 관점에서 착함이나 순함이 아니라 내가 나를 바라보는 관점에서의 착함과 순함을 찾아야 한다. 순종이나 굴종이 아니라 순리를 거스르지 않는 당당한 자기 본질을 찾아야 한다. 모든 철학의 기본 뼈대는 자아를 찾는 여행이다. 자아 성찰은 착함을 당당하고 힘 있게 만들어 준다. 오스카 와일드가 한 말이 있다.

"제대로 살고 있는 사람은 극히 드물다. 대부분 그저 생존해 있을 뿐이다."

나만 그렇게 살고 있는 것이 아니다. 자아의 초라한 모습에 상처받지 말자. 다들 방황하고 다들 악전고투한다. 다만 방향이 잘못되었을 뿐이다. 나를 버리고 남을 향하지 말자. 착함이라는 단어에 길들여지지도 말고 부정하지도 말자. 나를 찾은 후 남을 찾으면 착함의 당당함을 얻는다.

가지고 있는 것이 없다고 생각하면 자아는 더욱 작아진다. 자신의 내부에서 결핍을 채우기보다 외부에서 엉뚱한 것들로 자기를 채우려 한다. 자아를 채우는 행복은 절대 외부에 있지 않다. 자아 성찰이 없는 사람에게 남는 것은 지독한 공허뿐이다. 얼 나이팅게일이라는 사람이 우리의 뒤통수를 치는 말을 했다.

"거의 모든 사람들이 안전한 길만 택하면서도 언젠가는 무사히 맞은편에 도달할 것이라는 생각으로 몽유병 환자처럼 인생을 살아

간다."

당신도 몽유병 환자처럼 살고 있는가? 그런 생각이 든다면 자아에 경고등이 켜진 상태다. 자기를 돌아보고 자기를 사랑하자. 자기속에 행복의 에너지 광맥이 숨어 있다.

자아 성찰을 통해 세상을 향해 힘찬 날갯짓을 하며 날아오르고 싶다면 13세기 페르시아 시인 루미가 쓴 다음 시를 한번 음미해 보자. 시를 천천히 가만가만 음미하다 보면 당신의 등 뒤에 돋아난 날개가 꿈틀거릴 것이다.

"당신은 가능성을 가지고 태어났습니다.

당신은 선하고 믿음직한 마음을 가지고 태어났습니다.

당신은 이상과 꿈을 가지고 태어났습니다.

당신은 위대한 가치를 가지고 태어났습니다.

당신은 날개를 가지고 태어났습니다.

당신은 기어 다니려고 태어나지 않았습니다.

당신에겐 날개가 있으니

날갯짓을 배워 날아오르십시오."

멋있고 맛있는 인생 레시피 착하게 살자

깡패의 슬로건이 아닙니다. 그렇다고 비굴하고 순종적으로 살라는 얘기도 아닙니다. 착하다는 개념을 남에게 적용하지 마십시오. 남들에게 착하게 살기보다 자신에게 착하게 사십시오. 자기에게 못되게 굴지 마십시오. 자기를 사랑하고 배려하고 선물도 많이 하십시오.

\\

촛불은 자기를 태워 세상을 밝힌다.
자기희생 없이 더 큰 가치를
얻으려는 건 욕심이고 사기다.
영양가 흡수가 높은 스무디는
원재료를 잘 갈아서 만든다.
나의 재능을 잘 갈아서
세상을 깜짝 놀라게 할 열정을 보여 주어야 한다.
치열하지 않은 삶은 치졸해지는 법이다.

열정
스무디를
마셔
보았는가

열정, 나를 불사를 줄 아는 뜨거움

세월은 피부에 주름살을 만들지만,
열정을 포기하면 영혼에 주름살이 생긴다.
- 사무엘 울만

청춘에서 열정을 빼면 팥소 없는 찐빵이 된다. 패기와 열정은 청춘의 필수 영양소다. 아무리 견고한 차별과 한계도 이 영양소만 잘 갖추고 있으면 못 뚫고 갈 리 없다. 요즘 청춘들을 보면 팥소 없는 찐빵이 너무 많이 눈에 띈다. 자기 주도로 무얼 해보고자 하는 도전의식은 없고 적당히 남과 비슷하게만 가려 한다.

열정은 없고 불평만 많다. 무얼 하고자 하는 의욕은 없고 아파만 한다. '아프니까 청춘이다'라는 말에 타협하고 위안받으려 한다. 안주하려고 드는 순간 청춘이 아니라 노인이 된다. 열정 없는 20대는 열정 넘치는 60대보다 불행하다.

무언가 맛있는 음식을 보면 침이 넘어간다. 침은 식욕이다. 우리 삶에도 침이 솟아나야 한다. 열정은 침샘과 같다. 열정은 어떤 일에 열렬한 마음을 갖는 것이다. 입속에 침이 솟아나듯 열렬한 마음이 솟아나야 삶이 재미있어진다. 공부도 남이 시켜서 하는 공부가 아니라 자기가 하고 싶어서 덤벼드는 공부여야 한다.

남을 위해서 하는 공부가 아니다. 열정을 가지고 공부하면 시간 가는 줄 모른다. 단 한 줄을 읽어도 흡수력이 높아진다. 자기 스스로 파고드는 공부이기에 질도 달라진다. 하나둘 알아 가는 지식과 지혜가 맛있다는 느낌이 든다.

그럼 남에게 보여 주기 위한 공부는 어떤가? 조미료를 많이 친 공부라 할 수 있다. 겉보기에는 화려한 지식을 갖추고 있지만 깊이가 없고, 지식 자체가 지혜로 연결되지 않는다.

열정에 어떤 힘이 있는지 가만히 들여다보자. 열정은 자기 안에 숨겨진 재능을 깨우는 역할을 한다. 자기도 모르는 재능에 열정이 더해지면 탁 터지는 경험을 가져다준다. 그 경험을 한번 맛보면 삶을 대하는 태도가 달라진다. 열정을 통해 맛본 숨겨진 재능이 맛있어서 자꾸 꺼내 먹으려 하는 것이다.

열정의 또 다른 역할은 노예를 주인으로 만드는 것이다. 그냥 수동적으로 끌려가는 인생을 자기 주도로 확 바꿔 준다. 주도권을 손에 쥐면 열등감도 자연스럽게 자신감으로 바뀐다. 자신감이 생기면 꿈이 무엇인지, 꿈을 어떻게 해야 달성하는지를 알게 된다. 막연한 꿈이 구체적으로 바뀌는 것이다.

요즘은 '1인 미디어 시대'이다. 방송을 포함한 어떤 콘텐츠도 혼자서 해낸다. 열정으로 1인 미디어 시대를 주도하는 사람이 있다. 〈아프리카 TV〉의 BJ인 버블디아는 열정으로 똘똘 뭉친 여자다. 그녀의 취미는 실패하는 것, 특기는 다시 일어나는 것이라고 한다. 수많은 실패를 통해 오기가 생겼고, 세상을 헤치고 나아갈 열정 가득한 용기를 얻었다.

그녀는 보스턴 음대를 졸업하고 뮤지컬 배우를 꿈꾸었으나 백 번의 오디션에서 모두 떨어졌다. 보통 사람이라면 이런 상황에서 좌절한다. 포기라는 달콤한 유혹 앞에서 그냥 주저앉는다. 그녀는 비록 브로드웨이 무대의 한계를 넘지 못했지만 무대를 향한 열정만큼은 포기할 수 없었다. 그 꿈을 인터넷 방송에서 펼쳐 가고 있는 것이다.

세상 어떤 일도 이 악물고 덤벼든다면 못 할 것이 없다. 움직이지 않아서 못 할 뿐이다. 움직이기도 전에 안 된다는 부정적 바이러스를 주입해서 못 하는 것이다. 물론 열정을 가지고 덤벼들어도 세상이 조롱하기도 한다. "열정 같은 소리 하고 있네"라는 빈정거림이 나올 때도 있다. 그럴 때 바로 오기가 필요하다. 너는 말로 나를 깔보지만 나는 행동으로 너를 누르겠다는 자세로 움직여야 한다.

우리 청춘들은 나름 자기 자리에서 최선을 다하고 있다. 내가 열정이라는 말을 쓰기가 무색할 정도로 열정적으로 살고 있다. 생계도 해결하고 공부도 해결하는 게 보통 일이 아닌데도 모두 해내는 친구들을 보면 감탄과 응원의 박수를 보내게 된다.

어른들은 청춘들의 순수한 열정을 너무 쉽게 생각하고 이용하려고만 한다. 그런 현실이 아마도 '열정 페이'라는 말을 만들었을 것이다. 열정 페이란 어려운 취업 현실과 관련한 신조어이다. 열정을 빌미로 한 저임금 노동을 뜻한다. 무급이나 최저 시급에도 미치지 못하는 아주 적은 월급을 주면서 청년들의 노동력을 착취하는 행태를 비꼬는 신조어다.

취업 준비생을 무급 혹은 저임금 인턴으로 고용하는 관행은 2014년 유명 의류 업체와 소셜커머스 업체 등 몇몇 기업의 부당한 청년 고용 실태가 보도되면서 부각되었다. 난 이런 현실을 보면서 세상이 정말 못됐다는 생각을 한다. 열정이 날개를 펴게 하지는 못할망정 그걸 이용하려 드는 행태가 몹쓸 짓 같다는 생각이 드는 것이다.

못된 사회의 습성은 같이 깨 나가야 한다. 깨어 있는 어른과 깨어 있는 청춘들이 함께 힘을 합쳐 몰아내야 한다. 열정을 싼값에 고용하는 어른들은 교묘한 말로 자신들의 행위를 정당화하려 한다. 결과적으로 그들의 행위는 착취일 뿐이다. 못된 어른들 때문에 "열정 같은 소리 하고 있네"라는 빈정거림이 나온다. 비관을 낙관으로 바꾸는 힘도 열정이다. 한계를 부수는 힘도 열정에서 나온다.

데일 카네기는 '열정적인 사람이란 신들린 듯이 말하는 사람'이라고 했다. 신이 내 안에 들어온 듯이 살자. 열정은 한계를 넘어설 힘을 주고 나를 신바람 나게 하는 긍정적 에너지가 된다. 매일 아침 눈을 뜨면 열정 한 캡슐을 먹으면서 하루를 시작하자. 신이 내게 준 하루를 아주 잘 쓰는 첫걸음이다.

멋있고 맛있는 인생 레시피   안 해본 일에 도전하자

평소 안 해본 일을 할 때는 뭔가 자극이 생깁니다. 생전 타 보지 않은 차를 렌트해서 드라이브해도 좋습니다. 하루 종일 도서관에 앉아 책을 봐도 좋고 혼자 어디론가 훌쩍 떠나 1박 2일 여행을 해도 좋습니다. 무언가 자신을 자극할 모험과 도전을 찾아서 하루 이틀 정도를 투자해 보십시오. 짧은 투자가 자신을 더욱 강하고 단단하게 만들 것입니다.

몰입의 희열을 경험해 보았는가?

몰입은 의식이 경험으로 꽉 차 있는 상태이다.
이때 각각의 경험은 서로 조화를 이룬다.
– 미하이 칙센트미하이

무언가 집중하고 빠져 있으면 누가 등 뒤에 와도 전혀 눈치채지 못한다. 땀을 흠뻑 흘리며 무언가를 작업해도 땀 흘리는 사실조차 알지 못한다. 잡생각이 사라진 집중의 절정이 바로 몰입이다. 나는 건강 관련 방송을 하거나, 글을 쓰거나, 강의를 하면서 몰입의 희열을 경험하고는 한다.

몰입은 한곳에 온 정신이 집중되는 상태여서 행복의 절정을 맛볼 수도 있다. 몰입은 무언가에 흠뻑 빠져 심취해 있는 무아지경이다. 무아지경이 행복의 절정이다. 살면서 당신은 무아지경을 얼마나 경험했는가. 만약 경험이 적다면 찾아서라도 하는 것이 좋다. 몰입의 무아지경이 많을수록 더 큰 행복감을 느낄 수 있으니까.

몰입 하면 떠오르는 사람이 미국 시카고 대학교 심리학과 교수였던 미하이 칙센트미하이다. 그는 몰입과 행복의 연결 고리를 찾으려고 노력했다. 인간은 도대체 언제 행복감을 느낄까? 그는 대답을 몰입flow에서 찾았다.

삶이 고조되는 순간 마치 자유롭게 하늘을 날아가는 느낌이나 흐르는 물처럼 편안하고 자연스럽게 행동이 나오는 상태에서 몰입이 일어난다고 한다. 몰입 상태에서는 자아의식이 사라져서 무아지경, 몰아지경이라는 말을 쓴다. 자아가 사라졌다고 의식을 잃은 혼수상태는 아니다. 몰입할 때는 시간의 흐름도 잊는다. 3~4시간을 집중해도 30분 정도 일한 듯한 기분이 들기도 한다.

가만히 보면 몰입하고 있을 때 행복감을 느끼지는 않을 것 같다. 몰입하는 순간에는 아무 감정도 없기 때문이다. 음악을 연주하거나 산을 타거나 아주 힘든 일을 치르고 난 뒤, 즉 몰입의 경험 이후가 행복감을 느끼는 순간이라고 생각한다. 뒤돌아보니 몰입의 희열이 생각나는 것이다. 몰입했던 경험을 떠올리니 행복감이 밀려오는 것이다.

물론 몰입하지 않아도 행복할 수 있다. 아무런 걱정 없이 자연의 시원한 바람을 맞으며 시간의 흐름을 잊는 여유도 행복한 순간이다. 장르만 다른 행복이라 할 수 있다. 다만 몰입 이후의 행복감은 뭔가 자신을 뿌듯하게 하는 희열을 느끼게 한다.

몰입을 뜻하는 영어로 왜 'Flow'를 썼을까? 몸에 힘을 뺀 이완의 상태에서 '마치 자유롭게 하늘을 날아가는 느낌' 또는 '흐르는 물처럼 편안하고 자연스러운 느낌'을 표현했기 때문은 아닐까? 몰입은 우리 삶을 맛있게 하는 조미료다. 화학조미료가 아니라 자기 정신이 만들어 낸 영혼의 조미료다.

몰입은 더욱 즐겁고 행복한 삶을 살게 만든다고 칙센트미하이는 주장한다. 하루 중 몰입하는 시간이 많을수록 생활 속에서 겪는 경험의 질이 높아진다. 그날 하루를 시간 가는 줄 모르고 살았다면 몰입했다는 것이고, 정말 행복한 인생을 살았다는 것이다.

몰입을 하려면 어떤 조건이 있어야 할까? 목표가 분명해야 한다는 점이 가장 중요하다. 목표가 없으면 집중력이 흐려진다. 내가 지금 무엇 때문에 이 일을 하는지 아는 것과 모르는 것의 차이는 성과에도 고스란히 반영된다. 그냥 주어진 시간을 채우려는 행동에서는 몰입을 경험할 수 없다.

몰입은 잠시 잠깐이지만 시간과 공간의 감각을 잊게 한다. 어느 시간, 어느 공간에 있는지를 생각할 겨를이 없다. 마치 4차원의 세계에 빠진 느낌이라고나 할까. 천계영의 만화 〈언플러그드 보이〉에서 힙합을 좋아하는 주인공 현겸이가 하는 말이 있다.

"난 슬플 때 힙합을 춰."

왜 슬픈데 춤을 출까. 아마도 춤을 추는 순간 몰입의 희열을 맛보기 때문이다. 다른 잡생각에서 벗어나 온전히 춤에만 집중하면서 행복을 느끼는 것이다. 무대 위에서 모든 걸 쏟아붓는 사람들이 대부분 같은 희열을 느낀다. 그리스인 조르바는 하루에도 몰입의 순간을 자주 경험했다. 그래서 보다 자유로운 영혼의 소유자가 되었을 것이다.

요즘 청춘들은 어쩔 수 없이 남 눈치를 봐야 하는 경우가 많다. 자기 주관을 내세우기보다 스스로 객관화시켜 적당히 남들 수준만 따라가려고도 한다. 이런 습성으로는 행복을 느끼지 못한다. 몰입하는 자는 남 눈치를 보지 않는다. 오로지 자기 자신, 자기 눈앞에 있는 목표에만 집중한다. 우리 인생도 행복하려면 자기 눈앞에 있는 것에 집중하는 훈련이 필요하다. 어제나 내일보다 지금 이 순간이 중요한 이유가 여기에 있다.

사람은 걱정을 달고 다니는 존재다. 걱정을 몰아내는 가장 좋은 방법이 몰입이다. 몰입하는 순간 근심, 초조, 불안, 걱정이 달아난다. 몰입을 자주 하면 행복하다고 느끼는 이유는 부정적인 에고에서 벗어나기 때문이다.

　순간순간에 몰입하라. 지금 하는 일에 몰입하라. 자신의 하루에 몰입하라. 자기가 하고 싶은 일에 몰입하라. 최소한의 목표에 몰입하라. 몰입하는 순간 그날의 행복이 두 배로 커진다. 물론 결과도 좋다. 좋은 결과를 얻으면 보너스 행복을 느낄 수 있다.

멋있고 맛있는 인생 레시피　　　　　몰입할 목표를 찾아라

　험한 산의 정상에 올라도 좋습니다. 책 한 권을 하루에 다 읽겠다는 목표도 세워 보세요. 요즘은 어른들도 장난감을 가지고 놉니다. 장난감을 조립하는 순간 몰입을 경험할 수 있습니다. 온 가족이 모여 퍼즐을 맞춰도 몰입할 수 있습니다. 나만이 몰입할 것들을 찾아 온 정열을 쏟아 보세요. 그 순간이 쌓여 당신의 인생을 행복하게 할 것입니다.

치열하게 더욱 치열하게 덤벼들자

산다는 것,
그것은 치열한 전투이다
- 로맹 롤랑

청춘들은 조금 더 치열하게 살았으면 한다. 치열함은 청춘이기에 쏟아부을 만한 에너지다. 부딪히고 깨지고 상처받아도 꿈을 향해 나를 불살라야 한다. 어차피 우리 인생은 완벽하지 않다. 그저 하루하루 완벽하려고 애쓸 뿐이다. 누구도 완벽한 행복을 누릴 수 없다. 다만 자신의 기준에서 얻을 수 있는 행복에 만족할 뿐이다.

내가 가지기 힘든 것을 무모하게 가지려 해서는 안 된다. 살다 보면 어느 순간 내 것이 아니라는 판단이 들기도 한다. 그러나 조금만 힘을 쏟으면 잡을 만한 것을 포기한다면 나에게 주어진 소중한 삶에 죄를 짓는 행동이다. 날지 못할 운명이지만 날아오르려 하지도 않는 것은 죄악이라는 말이 있다. 할 수 있는 일이 있는데 하지 않는다면 분명 죄악이다.

자본주의 사회에서의 경쟁을 온전하게 건너기 위해 치열하게 사는 사람들이 주변에 많다. 직장에서 퇴근하자마자 집으로 가지 않고 대리 운전을 한다. 틈나는 대로 영어 단어를 외우기도 한다. 대학생도 치열하게 산다. 전공도 공부하고 취업도 준비하고 알바도 뛴다. 1분 1초가 부족한 인생이다.

자기에게 주어진 인생, 최선을 다하는 모습들이 아름답다. 경쟁에서 뒤처진다고 해도 어쩔 수 없다. 내가 가진 힘을 모두 쏟아부어 하루를 살아야 한다. 그것이 치열함이다. 게으름의 악마를 물리치고 새벽에 일어나는 새가 되어야 한다. 남하고 어떻게 잘 싸울까를 고민하지 말고 내가 가진 무기를 어떻게 날카롭게 할지 고민해야 한다.

길을 걷다가 도로 옆 트럭에서 튀김 장사를 하는 아주머니를 본 적이 있다. 시에서 단속이 나오자 트럭을 비닐 천으로 급하게 덮어씌운다. 단속을 피한 후에는 트럭 옆에 쪼그리고 앉아 점심을 먹는다. 뜨거운 여름 열기에도 아랑곳하지 않고 다시 환한 웃음으로 튀김을 판다. 먹고살기가 무척이나 힘든 세상이다. 세상사 어느 것 하나 쉽지가 않다. 좋은 것은 쉽게 얻어지지 않는다.

고생을 해보지 않은 사람은 삶을 치열하게 살지 않고 그냥 되는 대로 산다. 재벌도 1세대는 너무나 치열하지만 2세, 3세는 아버지나 할아버지보다 덜 치열하다는 말을 들은 적이 있다. 아무래도 좋은 부모 만나면 안주하게 된다. 자기 힘으로 무언가를 만들 줄 모른다. 인생에서 자기가 선택해야 할 일도 부모가 대신해 준다. 자기가 공부해야 할 과목을 부모가 수강 신청하는 모습을 본 적도 있다. 너무 심하다는 안타까움이 들었다.

스스로 선택을 못 하는 인생뿐 아니라 남들에게 치여 사는 인생도 많다. 치열하게 사는 것과 치여 사는 것은 한 끗 차이다. 치열하게 사는 삶은 긍정적이고 활력 넘치며 존경의 마음마저 들게 한다. 치여 사는 삶은 부정적이고 자신감이 없으며 불쌍한 느낌이 든다. 존경받을 것이냐, 불쌍하게 보일 것이냐는 오직 나에게 달려 있다. 나의 인생은 남이 대신 살아 주지 않는다. 내 것에 대한 치열함이 없으면 남에게 끌려다니게 되는 것이다.

치열한 예술가는 안정된 상태를 포기하고 자존심도 버린 채 두려움의 새로운 세계로 나간다. 현재에 안주하지 않고 모험을 즐기는 인생이 치열함이다. 치열한 인생은 인생을 대하는 태도부터가 다르다. 치열함에는 진정성이 있고 헌신이 있다. 치열한 인생은 지금 내게 필요한 것이 무엇이고 당장 무엇을 해야 할지를 정확하게 안다.

한평생 살면서 아무 문제가 없을 수는 없다. 인생을 치열하게 사는 사람은 문제들을 당연하게 받아들인다. 고난 앞에 쉽게 좌절하지 않는다. 치열한 삶은 지금 하는 일이 너무나 중요하며, 순조롭지 않게 풀릴 수도 있다는 사실을 명확하게 인식하며 살아간다.

바쁘다고 치열하게 사는 것이 아니다. 자기에 충실하지 못한 삶은 치열하지 않다. 우울한 생각을 떨쳐 버리고 치열하게 살려는 인생은 현재를 선택한 것이다. 삶에 충실하다는 의미이기도 하다. 걱정 때문에 잠이 오지 않는다면 하루하루를 보다 치열하게 살며 에너지를 쏟아부어야 한다. 그래야 휴식도 충분히 즐길 수 있다.

잠들기 전에 내일이 걱정이 된다면 내일 하고 싶은 일들로 걱정을 대체하라. 세상일이란 걱정한다고 해결되는 것이 아니다. 그냥 무덤덤하게 내가 할 일, 내가 하고 싶은 일에 집중하면 나머지 문제는 자연스럽게 풀려 나간다.

가끔 마음속에 어떤 울림이 생길 때가 있다. 그러면 울림에 집중해 보자. 그 울림이 가는 방향으로 내 삶을 선택하자. 설령 미친 짓이라고 해도 인생을 치열하게 살기 위해서는 남의 귓속말보다 나의 울림에 더 귀를 기울여야 한다.

우리 인생은 능력의 유무가 아니라 치열함이 있느냐 없느냐로 갈린다. 부족해서 허덕이는 삶이 아니라 갈증이 나서 물을 찾는 절박함이 있어야 한다. 오늘 하루 치열하게 살았는가? 당신의 백미러로 삶을 뒤돌아보라.

멋있고 맛있는 인생 레시피　　　하루 1시간이라도 치열하게 살자

하루 중 시간을 정해 놓고 치열함의 바다에 빠져 보세요. 능동적으로 하고 싶은 일을 찾아 에너지를 쏟아부어 보세요. 치열함은 인생을 대하는 태도를 바꿉니다. 치열함은 시간을 초월해 바쁘게 사는 것이 아니라 내 안의 꿈틀거리는 무엇을 발견하게 합니다. 내 가슴을 설레게 하는 일이 무엇인지 발견했다면 그날 하루는 치열하게 살았다고 칭찬받아도 마땅합니다.

꿈은 구체적이어야 한다

꿈을 기록하는 것이 나의 목표였던 적은 없다.
꿈을 실현하는 것이 나의 목표다.

- 만 레이

우리는 수많은 꿈을 꾸며 산다. 막연한 꿈을 꾸면 현실로 이루어지지 않고 손안에 움켜쥔 모래알처럼 새어 나간다. 비록 백일몽처럼 보일지라도 구체적으로 꿈을 꾸어야 내 것이 된다. 꿈을 내 것으로 만들려면 일단 구체적으로 적어 보는 과정이 필요하다.

지금 고민이 무엇인지, 앞으로 무엇이 되고 싶은지, 어떤 일을 하며 살아야 행복해질지 하나씩 적어 보자. 주변 사람에게도 마음속의 구체적인 꿈과 희망을 이야기하자. 그러면 꿈을 달성하도록 뜻하지 않게 누군가 나타나 도움을 주기도 한다. 뭘 갖고 싶은지, 뭐가 되고 싶은지 모르는 사람에게는 하느님도 원하는 선물을 가져 다줄 수 없다.

거창한 꿈만 있지는 않다. 아주 사소한 꿈도 소중하다. 사소한 꿈도 구체적으로 꾸어야 달성 가능성이 높다. 사실 사소한 꿈들이 쌓여 우리의 인생을 완성한다. 다음 달 유럽 여행을 가고 싶다면 여행을 이루기 위한 과정이 스스로를 설레게 한다. 가슴속에 후회를 채우기보다 하고 싶고 되고 싶은 꿈을 많이 채워야 한다. 물론 꿈을 꾼다고 전부 이루어지는 것은 아니다. 하지만 꿈조차 꾸지 않는다면 나를 행복하게 할 무엇도 손에 쥐어지지 않는다.

꿈을 구체적으로 꾸는 가장 좋은 방법은 시나리오를 짜는 것이다. 사업가가 꿈이라면 무슨 일을 어떤 단계로 해서 성공을 할지 구체적인 그림을 그려야 한다. 사무실은 몇 평 정도에서 시작하고, 온라인으로 사업을 할지, 사업 성공 모델은 누구인지 등 꿈을 이루기 위한 자료를 모두 끌어모아야 한다.

모든 자기 계발서는 꿈을 정확하게 꾸라고 말하는데 감을 잡기가 힘들다. 구체적으로 꿈을 꾸려면 영화나 드라마를 구성하듯 나를 주인공으로 하는 시나리오를 짜야 한다. 주인공의 성격은 내가 가장 잘 안다. 주인공이 무엇을 좋아하고 잘하는지 시나리오에 적어 넣을 수 있다. 어떤 단계로 가야 목표를 성취할지도 자신이 가장 잘 안다. 시나리오를 짜다 보면 처음에는 막연했던 꿈들이 아주 디테일하게 그려지기 시작한다. 그렇게 그려진 꿈은 달성 확률이 매우 높다.

꿈을 구체화하는 방법 중에 연도별로 목표를 구체화하는 것도 좋은 방법이다. 6개월 동안 무엇을 성취할지 정한다. 그다음 1년 후, 3년 후, 5년 후의 목표치를 설정하여 하나씩 달성해 가는 것도 꿈을 현실화하는 한 방법이다. 다른 나라로 이민을 가서 살고 싶은 꿈이 있다면 외국어를 어떻게 공부하고, 영주권을 어떻게 딸지 구체적인 시나리오를 짜야 한다. 목표가 정확하면 의욕도 생기고 어디를 향해 달려갈지도 분명해진다.

요즘 청춘들을 보면 꿈이 흐릿하다. 자기가 뭘 좋아하는지도 잘 모르고, 뭘 잘하는지도 진지하게 탐색하지 않는다. 지피지기면 백전백승이라는 말은 자기를 잘 알아야 남을 이길 수 있다는 뜻이다. 등 떠밀려 전공을 선택했다고 해도 자기가 정말 하고 싶은 공부가 있다면 찾아야 한다. 2학년 때 전공을 바꾸는 한이 있어도 자기 것을 찾아야 한다. 취업을 할지, 창업을 할지, 공부를 할지 등도 정확한 선을 그어야 한다.

취업을 하고 싶다면 취업 정보를 찾아보고 각종 공모전에도 열정을 다해 임해야 한다. 창업을 해서 성공하고 싶다면 다양한 아이

템도 두드려 보고 정부가 지원하는 청년 창업도 알아보아야 한다. 대학에서 계속 연구를 하고 싶다면 어떤 길을 가야 공부와 밥벌이를 병행하며 살 수 있는지 심사숙고해야 한다. 자기가 가고 싶은 길은 스스로 찾아야 한다. 자기만큼 자기를 잘 아는 사람은 없기 때문이다.

오랫동안 꿈을 그리는 자는 그 꿈을 닮아 간다고 앙드레 말로가 말했다. 꿈이 간절하면 꿈을 이루는 과정도 구체적이고 시나리오도 분명해진다. 구체적으로 꿈을 꾸는 방법 중 최근에 좋은 호응을 얻는 것이 'SMART DREAM'이다.

'S'는 꿈은 구체적이어야 한다는 Specific의 약자이며, 'M'은 Measurable의 약자로 측정 가능한 꿈이어야 한다는 의미이다. 'A'는 Achievable로 달성 가능한 꿈이어야 한다는 의미이고, 'R'은 Result-oriented로 꿈은 결과 지향적이어야 한다는 뜻이다. 과정이 아무리 좋아도 결과가 좋지 못하다면 꿈을 이룬 것이 아니다. 마지막으로 'T'는 Time-bounded로 정해진 시간을 두고 꿈을 달성해야 한다는 뜻이다. 다섯 가지를 머리에 새겨 두고 꿈을 꾸면 어떤 꿈이든 달성 확률이 높아질 것이다.

돈만 보지 말고 내가 좋아하는 일을 찾아야 한다. 좋아하는 것이 무엇인지 잘 모르는 사람들은 어떤 일을 해야 가슴이 뛰는지 생각해 보길 바란다. 하기 싫은 일은 1분을 하더라도 짜증이 나고 힘들지만, 좋아하는 일은 밤을 새워도 하나도 힘들지 않게 설레며 한다. 설레는 일을 찾아야 한다. 거울은 먼저 웃어 주지 않는다. 내가 먼저 웃어야 나를 보고 웃는다. 내가 먼저 찾아야 꿈이 제 발로 찾아온다.

멋있고 맛있는 인생 레시피　　　꿈을 이루기 위한 기본은 끈기!

꿈을 실현하는 데 있어서 가장 중요한 것은 끈기입니다. 목표나 꿈에 대한 간절함이 끈기를 만듭니다. 꿈을 이루는 과정은 끈기를 테스트하는 과정입니다. 꿈은 호락호락하지 않습니다. 조금만 더 가면 되는데 대부분의 사람들은 꿈을 코앞에 두고 포기합니다. 결국 끈기 있는 사람 몇 명만이 꿈을 성취합니다. 꿈을 이루려면 끈기를 키우십시오.

내 것만 챙기는 사회는 올바른 사회가 아니다.
혼자 사는 사람이 늘고 있지만
결국 우리는 더불어 같이 살아야 한다.
마을 공동체, 국가 공동체는 운명이다.
어차피 어울려 살아야 한다면
서로 조금씩 양보하는 지혜가 필요하다.
국민은 뒤로하고
자기 것만 챙기는 권력이 어떻게 무너지는지
우리는 너무나 잘 보았지 않은가.

배려는
영양가
높은
사랑즙이다

자기를 배려하는 사람이 행복하다

리처드, 나도 자기를 사랑해.
하지만 난 나를 더 사랑해.
- 〈섹스 앤 더 시티〉의 사만다 대사

　발효와 숙성을 거친 음식은 발효 과정 중에 좋은 성분들이 생성
되고 영양소의 체내 흡수율이 높아져서 몸에 좋은 영향을 준다. 그
맛과 영양은 시간이 빚어낸 결과일 것이다. 마찬가지로 시간이 지
날수록 발효되거나 삭힌 음식처럼 생각이 깊어지고 멋있어지는 사
람이 많다. 자기 속에서 무언가를 깨닫고 승화시키는 사람이다.

　발효는 음식이 썩는 부패와 한 끗 차이지만 결과는 극과 극으로
달라진다. 부패하지 않고 발효를 거쳐 맛과 영양이 깊어진 음식처
럼 시간이 지날수록 깊어 가는 사람이 좋다. 그런 사람이 멋있는 사

람이다.

거기에 덧붙여 자기 배려를 할 줄 아는 사람이 멋있는 사람이라고 생각한다. 경쟁에 치이다 보니 요즘 사람들은 자기를 너무 학대한다. 옆 사람보다 앞서가려고 잘 쉬지도 못하고 자기를 몰아세운다. 무슨 실수라도 하면 남들보다 혹독하게 자기반성에 빠진다. 어떤 경우에는 프로 같다고 할 수 있지만 나는 다르게 생각한다. 하루하루 1분 1초가 얼마나 소중한 시간인데 어떻게 자기를 학대하며 보내겠는가?

아침에 일어나 거울을 보면서 당신은 무슨 생각을 하는가. 자기에게 말을 걸어 보자. '비록 아무도 알아주지 않았지만 어제도 고생했어. 나는 네가 얼마나 중요한 일을 하는 사람인지 잘 알아. 그러니 오늘도 파이팅!' 이것이 바로 자기 배려이다.

자기 배려는 자신의 실수나 결점을 연민과 이해를 가지고 바라보는 것을 말한다. 아주 간단한 원리지만 자기를 진정으로 사랑하는 사람이 남을 사랑할 수 있는 사람이다. 자기 배려는 결국 자기 성숙으로 이어진다. 자신의 장점을 알고 발효시킨다. 그 순간이 자신의 맛과 향이 깊게 삭혀지는 순간이다. 자기를 배려하는 사람은 본질을 잃지 않는다. 자기의 본질이 정말 중요한 것이다.

청국장에는 콩의 본질이, 김치찌개에는 김치의 본질이 있다. 요리마다 재료의 본질이 담겨 있다. 본질을 주변과 얼마나 잘 조화시켜 멋진 모습으로 승화하느냐가 중요하다. 개성이 넘치는 사람이 많다. 개성으로만 끝나서는 안 된다. 개성은 주변과 잘 조화를 이루고 안정적이어야 한다. 그래야 누구나 인정하는 멋있는 사람이 된다. 남들의 감정은 생각 안 하고 혼자 톡톡 튀겠다고 오버하는 모습은 멋지지 않다.

자기 본질은 쉽게 없어지지 않는다. 변한 것 같아도 변한 것이 아니다. 단지 주변과 적응하면 변해 보일 뿐이다. 사람은 바뀌기도 하지만 바뀌지 않기도 한다. 이 말은 본질의 문제가 중요하다는 뜻이다. 멋있게 변하느냐, 흉하게 변하느냐는 자기 본질을 얼마나 배려하고 잘 가꾸어 가느냐에 달려 있다. 자기 약점만 잘 아는 사람은 흉하게 변하고, 약점보다 장점을 찾아 노력하고 즐기는 사람은 멋있게 변한다.

세상에 약점이 없는 사람은 없다. 한 나라의 최고 자리에 오른 대통령도 약점이 수두룩하다. 100억 원대 재산을 가진 사람이든 10억 원이라는 빚을 안고 사는 사람이든 모두 장점도 있고 약점도 있다. 다만 약점은 최대한 누르고 장점은 최대한 강화하면서 살아야 멋있는 사람이다. 자기 장점이 주변에 아름답게 스며들어 가야된다. 장점이 자신만의 고유한 향기가 되어 퍼져야 하는 것이다.

푸코는 자기 배려의 실천을 우리가 의존하고 있고 지배하지 못하며 주인이지 못한 것으로부터의 해방이라고 했다. 완결되고 완전한 자기 연관성을 확립하는 것, 다시 말해 자신을 온전히 소유하는 것을 자기 배려라고 말한다. 그래서 푸코는 플라톤이 말한 다음 구절을 가장 좋아했다.

"자기 자신에 대한 왕이야말로 왕 중의 왕이다."

자기를 지배하는 사람이 남도 지배한다. 자기 통제를 못 하는 사람이 어떻게 남을 감동시키겠는가. 자기 통제를 하고 자기 배려를 실천하는 사람은 분명 그만의 향기가 난다. 어떤 사람은 향기가 있고 어떤 사람은 냄새가 난다. 그런 면에서 향기와 냄새의 차이는 극과 극이다. 내면을 가꾸느냐 가꾸지 않느냐, 아니면 자기를 배려하느냐 배려하지 않느냐에 따라 냄새와 향기가 갈릴 것이다.

실수를 돌아보고 용서를 구하는 것은 보다 멋있는 자신을 찾는 과정이다. 특히 젊은 사람들을 보면 자기 실수를 두고 자학을 많이 한다. 자기반성이 아닌 자기 학대는 파멸로 몰고 가는 길이다. 결국 사람들이 떠나는 냄새가 나는 사람이 된다.

자기가 한 실수를 스스로 보듬어 줄 수 있어야 한다. 그것이 자기 배려다. 썩어 가느냐, 익어 가느냐는 작은 차이다. 자기 학대를 하는 사람이냐, 자기 배려를 하는 사람이냐에 따라 갈릴 수 있다. 부디 자기를 배려하고 사랑하자. 남에게 덕을 베풀 줄 아는 사람이 되자. 그래야 향기 있는 사람이 된다.

작가는 글을 통해, 음악가는 음악을 통해 자기 마음을 다스리는 법을 터득하고 남을 감동시킨다. 일단 자기가 행복해야 남을 행복하게 한다. 어떤 꿈을 이루어 가는 과정이나 자기가 하고 싶은 일을 하는 동안 남들에게 환호와 박수를 받으면 뇌에 기쁨을 생성하는 세로토닌이 분비된다. 행복 호르몬인 세로토닌은 뇌의 시상 하부 중추에 있는 신경 전달 물질이다. 세로토닌이 부족하면 우울함을 느낀다. 세로토닌도 멋있는 사람의 향기 같다.

'실패가 두려워 무조건 참아야 한다'는 강박보다는 '반드시 성공한다'고 믿는 자기 세뇌가 매사에 성공하는 지름길이 된다. 따라서 멋있게 살기 위한 첫 번째 생활 습관은 '긍정의 마음'이다. 일상에서 웃고, 햇살에 감사하면서 걷고, 하루를 마치면 푹 자고, 아침을 맞으며 작은 행복을 느껴 보자. 긍정의 마음으로 자기 배려를 한다면 세로토닌이 많이 분비되어 더욱 행복해질 것이다.

멋있고 맛있는 인생 레시피　　　　　　향기 있는 사람이 되자

자기만의 멋과 향기를 가진 사람이 되십시오. 향기 있는 사람은 물질보다 정신에 집중하는 사람입니다. 욕심보다는 양심으로 살아가는 사람입니다. 나홀로 살기보다 더불어 살기가 몸에 밴 사람입니다. 자기 좌절에 빠지기보다 자기를 배려할 줄 아는 사람이 진정 향기 있는 사람으로 멋있는 인생을 살게됩니다.

배려 지수가 높아야 진짜 멋있는 사람

남의 잘못을 관용하라!
오늘 저지른 남의 잘못은
어제의 내 잘못이었던 것을 생각하라!
- 셰익스피어

세 친구 이야기를 해보려 한다. 친구 세 명이 어디론가 여행을 가려고 준비한다. 한 친구가 총무를 맡았는데 다른 한 명의 친구가 돈을 계속 안 보낸다. 전화를 해도 안 받는다. 결국 좋은 값에 못 가고 50만 원 비싼 여행을 가게 되었다. 총무도 당시 여윳돈이 없어서 그리되었다. 문제는 돈을 늦게 보낸 친구가 총무 탓을 하며 짜증을 내는 것이다. 자기 잘못은 생각을 못 하고 말이다.

여기서 총무의 대처 방법을 보자. 자기 탓으로 돌리는 친구에게 감정적으로 대응하지 않는다.

"아, 미안해. 내가 너한테 세 번, 네 번 전화했는데도 안 받더라. 그때 네가 돈을 보내 줬다면 싼 여행을 계약했을 텐데 그러지 못했어. 나도 돈을 대신 낼 여유가 없었고."

총무는 차분히 사실대로 설명한다. 감정은 쫙 빼고 있는 그대로 사실을 이야기한다. 누구 탓을 하기보다 사실만을 전한다.

나는 총무를 맡은 친구의 성격이 그냥 착함이 아니라 올바른 착함이라고 본다. 감정을 빼고 얘기한 건 나름 상대를 배려한 태도이다. 사실 그대로를 하나씩 설명한 건 할 말은 해야 한다는 표현이다. 만약 차분히 설명했는데도 화를 낸다면 친구의 잘못이다. 그때는 친구와의 만남을 당분간 피해야 한다.

너와 나 사이는 누구나 불편하다. 왜 불편할까? 다르기 때문이다. 없으면 못 살 것처럼 연애하던 남녀 사이도 결혼해서 살 부대끼며 살다 보면 상대의 단점이 보이고 사소한 불편함으로 부부 싸움도 한다. 싸움이 커져 갈라서는 사람도 있다. 부부 싸움은 칼로 물 베기라는 말은 옛날 말이다. 참지 못하고 이해하지 못하고 그냥 갈라선다. 그러면서 서로를 탓한다.

〈사랑과 전쟁〉이라는 방송 프로그램을 보자. 둘이 서로의 탓으로 돌리지 않는가. 엄밀히 말하면 서로의 탓이 아니다. 그냥 다를 뿐이다. 다름을 이해하지 못해서 생긴 문제다. 다르다는 점을 인정하고 불편할 수밖에 없음을 이해해야 한다. 그래야 칼로 관계를 끊어 버리는 극단적인 방법을 선택하지 않는다.

너란 1차적인 관계이다. 가족 중의 누구일 수 있고, 친구 중에 누구일 수 있고, 직장 생활 하면서 만나는 가까운 누구일 수 있다. 어쨌든 내가 나를 떠나 만나는 첫 번째 상대를 너라고 한다. 나와 관계없는 사람을 너라고 하며 다가가지 않는다. 그러다 보니 신중하지 않게 함부로 너를 대하기도 한다. 상대를 배려하며 대한다는 기본적인 매너를 잊어버리는 것이다.

가장 가까운 사이에게 잘해야 낯선 사람에게도 잘하는 법이다. 자기에게 잘해야 남에게도 잘하는 것처럼 말이다. 자기를 배려할 줄 아는 사람은 남을 배려할 줄 안다. 가까운 사람을 배려할 줄 아는 사람은 세상을 배려할 수 있다.

배려라는 말을 다시 생각해 보자. 배려란 단순히 착하다는 의미가 아니다. 착한 성격이 남을 힘들게 할 때도 있다. 착함이 우물쭈물함으로 표현되면 상대에게 피해를 준다. 단호하게 무언가를 결정해야 하는 상황에서 소심하고 수동적인 착함이 관계를 악화시킬 수도 있다. 배려는 단호함을 갖춘 착함이다. 앞에서 언급한 세 친구 이야기에서 총무가 바로 배려의 상징이다.

70

배려는 감정을 싣지 않는다. 서로를 기분 나쁘게 하지는 않지만 할 말은 한다. 남을 존중하지만 남에게 끌려다니지 않는다. 내 기분이 소중한 만큼 남의 기분도 소중하다고 생각하는 태도가 배려다. 반대로 남의 기분이 중요하다고 내 기분을 망치는 것은 배려가 아니라 자기 파괴다.

나는 사람들에게 지능 지수보다 배려 지수가 중요하다고 말한다. 배려는 나와 너 사이를 건강하게 만드는 에너지다. 나와 우리 사이를 행복하게 만드는 힘이다. 배려는 내가 너보다 우월해서 베푸는 태도가 아니다. 나와 너 사이가 동등한 상태에서 주고받는 에너지다.

나와 너 사이는 더 큰 인간관계로 가기 위한 첫 단계다. 내가 좋아하는 걸 무조건 너가 좋아한다고 생각해서도 안 되고, 내가 싫어하는 걸 너도 싫어한다고 생각해서도 안 된다. 자기 기준으로 판단하는 사고는 둘 사이를 좋게 만들지 못한다. 기본적으로 상대의 기분과 행복을 배려할 줄 알아야 건강한 관계가 형성된다.

우리의 삶은 소통과 배려로 이루어진다. 인간관계는 소통이 중요하다. 배려가 없다면 소통이 있을 수 없다. 배려 지수가 낮으면 소통 지수도 현격하게 떨어진다. 자기 그릇이 크지 않으면 배려를 하려는 마음을 쉽게 행동으로 옮기기 힘들다.

배려는 누구 탓을 하지 않는다. 그냥 상대의 다름을 인정하고 상대의 생각과 가치를 존중한다. 상대가 불편하더라도 상대의 탓이 아니다. 내가 아닌 너는 누구나 불편할 수 있다. 그걸 편하게 인정하고 너도 나를 불편하게 생각할 수 있다고 여기면 된다. 그런 자세가 배려다. 배려는 나와 너 사이, 부부 사이, 친구 사이, 가족 사이에 꼭 필요한 행복 에너지다.

멋있고 맛있는 인생 레시피   배려 지수를 높이자

행복하고 건강한 사회를 위해 필요한 건 지능 지수나 감성 지수가 아니라 배려 지수입니다. 배려 지수의 시작은 자기 배려이고 그다음은 상대를 배려하는 여유입니다. 기다려 줄 줄 아는 여유가 필요합니다. 실수 한번 했다고 몰아세워서는 안 됩니다. 기다려 주고 지켜봐 주십시오. 그게 배려입니다. 더불어 같이 사는 지혜입니다.

있는 그대로 바라보자

나와 다르다는 것을 인정하고 서로 존중할 줄 알게 되기까지
우리는 얼마나 많은 시간을 필요로 하게 될까요.
- 최선옥

우리는 어떤 사람, 사물, 사건을 자기 기준으로 판단하고 차별하
려고 한다. 감탄고토 甘呑苦吐, 달면 삼키고 쓰면 뱉는다는 사자성어다.
사람 관계에서 오로지 나의 편의와 이익만 생각하는 말이다.

상대를 좋아하고 싫어하는 마음이 드는 순간, 그의 본질을 발견
하기 힘들다. 옳고 그름을 가리는 행위 자체가 조화를 깨는 것이고
본질을 누르는 것이다. 세상에는 선과 악이 공존하고 아름다움과
추함이 함께 산다. 무균질 청정 인생은 없다.

우리는 태어나는 순간 선함을 가지고 태어난다. 자라면서 때가

묻게 된다. 세상으로부터 좋은 영향을 많이 받으면 좋은 가치관이 성립되고 나쁜 영향을 많이 받으면 나쁜 가치관이 자리 잡는다. 세상과의 관계 속에서 자기가 만들어진다. 그렇게 만들어진 가치는 쉽게 바뀌지 않는다. 다만 예전에 좋았던 본성을 찾아낼 수는 있지만.

사람은 겉모습, 사회적 지위, 학력, 명예, 부와 상관없이 누구나 다 소중하다. 자기 존재를 소중하게 여기는 사람이라면 다른 사람도 똑같이 바라봐야 한다. 카르마라는 말이 있다. 조화를 이루려는 힘을 가리킨다. 카르마는 인간 안에 내재된 신성에 의해 서로 간의 균형을 맞추려는 작용이다.

불교에서는 좋고 싫음이 있는 세계에서 분별심이 없는 세계로 들어가는 것을 해탈이라고 한다. 해탈은 좋고 싫음을 떠나 모든 감각에서 자유로운 상태까지 간다. 자신의 믿음만 옳다고 고집하는 것을 아집이라고 한다. 아집은 부조화의 상태이고 닫힌 상태이다.

나 아닌 너를 어떻게 대해야 할까? 나를 소중히 대하듯이 너를 소중히 대해야 하는 것은 기본이다. 내가 간섭이 싫다면 상대도 간섭을 싫어할 것이다. 내가 싫어하는데 상대에게 강요하면 안 된다. 상대에 무관심해도 안 된다. 그저 애정을 갖고 지켜보다가 상대가 도움을 청하면 적절하게 도와주면 된다.

내가 남을 가르칠 수 있다는 생각은 대단히 위험하다. 자기 과시나 욕심으로 나타나기 십상이다. 진정으로 남을 도우려면 이야기를 들어 주고 나의 경험을 가볍게 나누면 된다. 그렇게 해서 상대방이 스스로 자기 길을 찾아가도록 도우면 된다.

나도 대학에서 학생을 가르치지만 가르친다기보다 도와준다는 생각을 많이 한다. 나도 부족한 사람인데 무얼 남에게 가르치겠는가. 바다를 가고 싶은 사람에게 등산하는 요령을 가르치려는 억지를 부리지 말자.

마야 안젤루는 1928년에 태어난 미국의 시인이자 영화배우, 극작가, 프로듀서이면서 시민운동가다. 일곱 살 때 당한 성폭행의 충격으로 5년 동안 말을 하지 않는다. 어느 날 이웃 여성의 도움을 받아 상처를 극복하고 문학에 눈을 뜬다. 열일곱 살에 미혼모가 된 그녀는 전차 운전사, 사창가 마담, 나이트클럽 가수 등을 전전한다. 온갖 직업을 전전하던 그녀는 1970년 자신의 이야기를 바탕으로 하는 《새장에 갇힌 새가 왜 노래하는지 나는 아네》란 책을 펴낸다. 이 책으로 그녀는 흑인 여성 최초로 세계적 베스트셀러 작가가 된다.

참 대단한 여성이다. 나는 그녀에게서 있는 그대로의 자신을 바라보는 힘을 느꼈다. 특히 그녀가 일흔여덟 살 때 열일곱 미혼모인 자신에게 보낸 글이 참 인상적이다. 《지금 알고 있는 것을 그때의 내가 알았더라면》이라는 책에 실려 있다. 기회가 되면 한번 읽어 보기를 권한다. 아래 글은 그중 일부이다.

"넌 때론 어리석은 잘못을 저지를지도 몰라. 하지만 그 잘못을 극복해 내려는 의지가 누구보다 강한 아이란다. 그래서 이번에도 너의 힘으로 이 난관을 벗어나려 할 거야. 누구의 간섭 없이 혼자 살길 간절히 원한다는 걸 알아. 네 스스로 너의 인생을 선택하고 책임지고 싶겠지."

마야는 혼자 힘으로 차별도 넘어서고 좌절도 견디었다. 있는 그대로의 자신을 인정하고, 있는 그대로의 세상을 인정했다. 사람들과 섞여 살면서 잘 적응하며 살았다. 있는 그대로의 자기 모습에 자부심을 느끼며 살았다.

우리 인생도 있는 그대로의 자신을 바라보는 연습이 필요하다고 생각한다. 남이 바라보는 내가 아니라 내가 바라보는 나. 남에게 기대는 내가 아니라 혼자 힘으로 세상을 향해 뚜벅뚜벅 걸어가는 나가 되어야 한다.

나의 단점이나 상대의 단점만 보는 것은 조화가 아니다. 세상에는 예쁜 것만 있지 않다. 좋은 사람만 있는 것도 아니다. 현실을 있는 그대로 받아들여야 각자의 장점이 보인다. 좋은 것도 나쁜 것도 세상에는 모두 필요하다. 그걸 무시하고는 좋은 것을 찾아낼 수 없다. 인간관계에서 조화는 세상을 있는 그대로 보는 정신에서 나온다.

희망을 갖고 살자

얼음이 녹으면 무엇이 되느냐고 물으면 '물이 된다'고 하기보다는 '봄이 온다'고 하십시오. 비가 오면 젖는다고 하지 말고 새싹이 돋는다고 하십시오. 절망을 먼저 얘기하지 말고 희망을 먼저 얘기하십시오. 머리로 절망을 계산하지 말고 가슴속에 희망을 새겨 넣으십시오.

쉬지 않으면 에너지가 떨어진다.
에너지가 떨어지면 자신감도 떨어진다.
자신감이 없으면 세상 앞에 당당할 수 없다.
세상을 요리하기 전에 자신부터 요리하라.
디지털 문명에 휘둘리지 말고
아날로그 감성으로 자신을 단단하게 만들자.
가끔 자신을 위해 어디론가
여행을 떠나도 좋다.

자신을
요리해야
세상을
요리한다

우리에게는 잠시 멈춤이 필요하다

바빠서 여유가 없을 때야말로
쉬어야 할 때이다.
- 시드니 J. 해리스

경쟁 사회다 보니 남보다 한 걸음이라도 앞서가는 것이 중요하다. 우리는 정말 쉼 없이 달린다. 자기에게 투자하는 시간보다 일에 투자하는 시간, 스펙을 얻기 위해 투자하는 시간이 많다. 책을 읽고 사색을 해야 할 대학 시절부터 시험에만 매달린다. 남들도 모두 그렇기에 나 혼자 궤도에서 이탈하면 불안하다.

일만 열심히 하는 사람은 사회 지수가 높아질지는 몰라도 창의력 지수는 점점 떨어진다. 일에 쫓기다 보니 무언가 상상할 여유가 없다. 하루 중 자기만의 시간이라는 여백이 없다. '열심히'라는 말을 잠깐 곱씹어 본다. 뜨거울 열, 마음 심. 마음을 뜨겁게 한다는 말이다. 마음이 늘 뜨거우면 타서 재가 되고 만다. 너무 열심히 살면 우리 인생은 그대로 산화한다. 좀 멋지게 살고 싶다면 인생에 쉼표가 절대적으로 필요하다.

문장이 길수록 중간에 쉼표가 찍혀 있다. 쉼표가 없는 문장은 호흡이 가쁘다. 세 줄 이상 쉼표 없는 문장을 읽으면 얼굴을 들어 숨을 쉬어야 할 지경이다. 음악에도 쉼표가 있다. 노래 부를 때도 중간중간 숨을 쉬어야 한다. 숨 고르기를 제대로 못하면 호흡만 가빠지고 노래도 잘 못 부른다.

인생도 마찬가지다. 인생은 가는 길이 의외로 길다. 긴 길을 가면서 쉬지 않고 달린다는 것은 인생을 짧게 단축시키는 아주 나쁜 방법이다. 자동차도 휴게소에서 잠시 쉬어야 잘 달린다. 사람이라면 오죽하겠는가. 멋진 인생을 살기 위해 느낌표도 필요하고 물음표도 필요하지만, 정작 쉼표가 가장 중요하다.

자동차 배터리는 방전되면 다른 차와 연결해서 충전하거나 배터리를 갈면 된다. 하지만 우리 인생의 배터리는 한번 맛이 가면 교환할 수가 없다. 인생의 쉼표는 다시 시작하는 힘을 준다. 먼 길을 지치지 않고 걸어갈 에너지를 채워 준다. 그리고 이렇게 사는 게 맞는지 한 번쯤 돌아보게 할 터닝포인트를 제공하기도 한다.

대한민국은 일중독 사회였다. 아니, 아직도 일중독이 대세이다. 학생들은 공부 중독, 시험 중독이다. 어디에 쉼표를 찍어야 할지 빈 공간이 보이지 않는다. 일만 열심히 하면 회사는 좋을지 몰라도 개인적으로는 에너지가 방전되어 지쳐 떨어진다. 작가 호르헤 루이스 보르헤스는 단편 〈알레프〉에서 다음과 같은 말을 한다.

"그는 요란하게 떠들지도 않고, 이름을 알리고자 하는 욕심도 없이 항상 '일'과 '고독'이라는 두 개의 지팡이에 의존하고 있었다. 먼저 그는 상상력의 수문을 열었고, 그런 다음에 다듬었다."

'상상력의 수문'. 난 이 말이 참 좋다. 바쁜 일상을 살다가 가끔 한강의 노을을 본다든가, 카페에서 음악에 취해 잠시 멍해지는 순간. 난 이 순간에 상상력의 수문이 열린다고 생각한다. 우리는 하루 24시간을 이성적인 생각으로 꽉 채울 수 없다. 멍 때리는 시간이 없는 인생은 자기도 모르게 어느 순간 멍이 들 것이다.

어떤 신부님이 한 말이 있다. 사람들이 멍 때리는 순간은 하느님이 사람을 만나러 내려올 가장 편한 순간이라고. 사람들은 생각이 너무 많다. 생각이 많은 사람에게는 신이 찾아오지 않는다. 생각을 비워야 빈 자리로 새로운 에너지가 들어온다. 손에 무언가를 꽉 쥐고 있으면 새로운 것을 쥘 수가 없다. 잡동사니가 들어찬 방은 좋은 에너지가 흐를 수 없다.

하루에 10분 정도라도 멍 때리는 시간을 갖기를 제안한다. 하루

일과를 끝낸 밤에 조깅로를 산책하는 나에게 주위 사람들은 무섭지 않느냐고 묻는다. 이 나이의 아줌마가 뭐가 무서우랴? 아무 생각 없이 하늘과 앞만 바라보며 걷는 시간이 나에게 힐링이라는 것은 한밤중에 걸어 본 자들만이 알 수 있다. 주차를 시켜 놓은 차 안에서 잠시 좋아하는 음악을 들으며 멍 때리는 시간도 소중하다. 현대인들은 쉴 새 없이 생각하고 행동하는 바쁨과 분주함을 미덕으로 여긴다. 잠시라도 가만히 있으면 불안해한다. 개인적으로도 아무것도 하지 않고 가만히 있는 것을 견디기 힘들어한다.

사우나 탕 안에 앉아 아무 생각 없이 무념무상 상태로 목욕 삼매경에 빠진 분들은 다른 세계에 사는 사람이라며 이해하지 못하는 이들이 낮에는 책을 읽거나, 글을 쓰거나, 상담을 하거나, 하다못해 인터넷 검색이라도 해야 한다. 밤 시간에도 술잔을 기울이며 누군가와 수다를 떨거나, 악기 연습을 하거나, 그것도 아니면 TV라도 보거나 라디오 방송이라도 들어야지, 아무것도 하지 않고는 지내기가 어렵다. 뇌도 쉼표가 필요한데 우리는 너무 혹사시키고 있다.

자기 삶을 사랑하는 사람이라면 이제부터라도 삶의 중간중간에 쉼표를 찍어야 한다. 쉼표, 어떻게 찍으면 좋을까. 여러 가지가 있겠지만 산책만큼 쉽고 효과 높은 방법은 없어 보인다.

산행도 좋고 그렇지 않다면 조용한 곳에서 걸어 보자. 어느 순간 아무 생각도 나지 않으면서 뇌가 하얗게 비는 상태에 이른다. 땀이 이마에서 뚝뚝 떨어지고 등골로는 줄줄 흘러내리지만, 머리에는 아무런 생각도 나지 않는다. 해야 할 일, 근심 걱정에서 벗어나 오로지 걷는 일에만 충실하게 된다. 시간이 지나면 무념무상 상태에 빠지곤 한다. 이상한 것은 분명히 무념무상 상태로 아무 생각이 없고 마음을 비웠는데도 문득 참신한 아이디어가 떠오른다는 것이다. 그러려고 의도한 바도 아닌데 말이다.

힘든 사건의 실마리는 대부분 생각 없이 걷는 아침 산책 시간에 떠오른다. 뉴턴은 사과나무 아래에서 멍 때리다 만유인력의 실마리를 발견했다. 아르키메데스는 목욕탕에서 아무 생각 없이 앉아 있다가 부력의 원리를 발견했다. 전설적인 투자가 워런 버핏은 매일 아침 멍하니 앉아 하루를 시작하고, 애플의 CEO였던 스티브 잡스 역시 모든 디지털 기기로부터 벗어나서 산책을 자주 즐겼다. 독일의 철학자 칸트도 날마다 규칙적인 산책을 하며 뇌를 비우는 시간을 가졌다.

도시를 걷다가 잠시 멈춤의 시간을 가져 보자. 집과 회사를 오가는 길이라면 빌딩 앞에 멋지게 세워진 예술 작품 앞에서 멍 때려 보자. 잠깐의 순간이 나를 더욱 힘차게 돌게 하는 에너지라는 점을 명심하자. 이어폰을 꽂고 음악을 왜 듣는가. 우리가 일상 속에서 누리는 예술 활동들은 전부 자신을 풍요롭게 하는 방법이다. 뇌를 비우는 시간인 것이다.

산에 오르기 힘들고 여행을 떠나기 힘들면 우리의 일상 속에서 쉼표를 찍는 잠시 멈춤의 시간, 공간을 마련하자. 그 시간과 공간이 우리를 다시 움직이게 할 것이다.

~~~~~~

멋있고 맛있는 인생 레시피   가슴속에 종을 울려 보세요

머리가 번뜩이는 인생보다 가슴이 울리는 인생이 멋있습니다. 시 한 편, 노을이 지는 한 장면에 가슴이 멍해지는 인생을 살아야 합니다. 물음표로 태어난 인생이지만 느낌표를 더 많이 갖고 사십시오. 자기 가슴속에 느낌표를 많이 찍은 인생은 남의 가슴에도 수많은 느낌표를 선물합니다. 계절의 변화를 보며 가슴속에 은은한 종을 울려 보세요.

~~~~~~

가슴이 떨릴 때 여행하자

인생은 짧고 세상은 넓다.
그러니 세상 탐험은 빨리 하는 것이 좋다.
– 사이먼 레이븐

플라톤도 잘 못 놀았던 것 같다. 그는 노는 것에 대한 깨달음의 말을 했다.

"일 년 동안 대화하기보다 한 시간 놀기를 통해 그 사람의 보다 많은 면을 발견할 수 있다."

나는 일하는 시간이 다른 동료들에 비해 좀 많다. "일하기 싫어"라는 말을 입에 달고 사는데, 실제론 일하는 시간이 더 많다. 사실 나는 오전에 일하고 오후에 자기만의 시간을 누릴 여유, 재밌게 즐기는 주말 같은 조화로운 삶을 살고 싶다.

대학 동기들 모임에는 밴드, 등산, 독서, 사진 등 열 개도 넘는 종류의 동아리가 있다. 그들은 정말 부러울 만큼 즐겁게 시간을 함께 보낸다. 나는 비록 참여를 못 하지만 정말 좋아 보였다. 자녀도 다 키웠고 일은 안정되었다. 이제 편안한 친구들을 만나며 지내는 행복감이 정말 크다.

내게 놀기란 좋은 분들과 수다 떨기, 가끔 토크 콘서트나 가요 콘서트 보기, 강연회에 가서 그 시간 속으로 빠져들기, TV로 프로야구나 스포츠 경기를 시청하기 정도다. 이삼 년간 쉬었지만 노래와 음악이 있는 에어로빅장에서의 운동도 한때는 나에게 노는 것이었다.

한편으로 나는 다른 패턴을 준비하고 배우는 것이 좋아서 피부미용을 전공하여 박사 학위를 하나 더 받았다. 당시 식품영양학 박사가 학교는 왜 다니느냐며 의아하게 묻는 동료들이 있었다. 비록 늦은 학생이지만 학생처럼 지내는 생활이 나에겐 조금 변형된 놀이였던 것 같다.

사람마다 노는 태도가 좀 다른지, 아니면 내가 좀 이상한지 모르겠다. 우리나라 사람은 너무 열심히 일한다. 옛날보다 덜하다곤 해도 놀 줄도 모르고 쉴 줄도 모른다. 정말 멋있는 사람은 잘 놀고 잘 쉬는 사람이다. 우리나라 사람은 쉬는 걸 두려워한다. 놀 시간이 주어져도 참 뻣뻣하다.

우리나라 사람들 대부분이 죽기 전에 병자로 산다는 통계가 있다. 평균 수명이 늘어났지만 늘어난 수명을 충분히 즐기지 못한다. 나라가 국민을 편안하게 놀지 못하게 한다. 미흡한 사회 보장 제도도 문제다. 아빠도 야근과 철야에 힘들어하고, 아이를 가진 엄마는 엄마대로, 아이를 키우는 엄마는 엄마대로 힘들어한다.

우리 아이들을 한번 보자. 수업이 끝나면 학원으로 몰려간다. 놀러 갈 틈이 없다. 친구들하고 놀 시간이 없다. 한참 놀고 싶은 나이에 모두 박탈당하고 산다. 나는 그 모습이 안타깝다. 내가 어릴 때는 농땡이도 치고 그랬다. 요즘 아이들은 그럴 여유가 전혀 없다.

유소년기의 삶은 국가가 책임지고, 힘이 넘치는 청장년이 되면 국가를 먹여 살리는 나라가 좋은 나라다. 노년기에 접어들면 다시 국가가 은퇴와 노년을 보장한다. 그래야 복지 국가고 선진국이다. 우리나라는 많이 부족하다. 나라가 챙겨 주지 않으니 본인이 알아서 챙겨야 한다. 그러니 놀기보다 먹고살기에 허덕이는 것이다.

택배를 하는 사람이 대리 기사도 뛰어야 하고, 다른 아이 따라잡기 위해 학원도 두세 군데 다녀야 한다. 부모의 돈벌이가 시원찮으니 대학생들은 공부할 시간을 쪼개 아르바이트 전선에 뛰어든다. 세상 전체가 놀 생각을 하지 못하는 것이다.

호스피스 병동에서 돌아가시는 분들이 마지막에 아쉬워하는 말이 있다. 너무 일만 열심히 하고 놀 줄 몰랐다는 후회의 말이다. 죽을 때가 되어서야 느낀다. 놀 힘이 있을 때 충분히 놀아야 하는데 그렇게 못한다. 내가 보기에 쉼이란 비우는 것이다. 그동안 일을 하며 가득 채우기만 했다면 억지로 시간을 내서라도 비워야 할 필요가 있다.

기계도 계속 일만 하면 고장이 난다. 사람은 오죽하겠는가. 일만 하다가 과로로 일찍 돌아가신 분들을 보면 너무 안타깝다. 그건 인생을 즐기는 방식이 아니다. 일이 우선이다 보니 자기가 없다. 음식이라면 맛만 생각하고 건강은 생각하지 않은 사람이랑 비슷하다. 먹는 것의 본질을 잊은 것이다. 음식을 먹는 이유는 내 몸을 건강하게 해서 행복하게 살기 위함이다. 입에 달콤한 맛만 생각해서 망가지는 몸을 잊는다.

일도 마찬가지다. 일을 해서 돈을 많이 벌어야 한다는 달콤한 목표에 매달려서 인생이 망가지는 걸 잊는다. 건강을 생각하며 음식을 먹어야 하듯이 행복을 생각하며 인생에 쉬는 시간을 주어야 하지 않을까.

맛의 달콤함에 빠지면 건강을 잃고, 일의 달콤함에 빠지면 인생을 잃는다. 어떻게 사는 것이 행복한지를 먼저 생각한 후에 자기 일을 찾아야 된다. 우리는 뭐가 먼저이고 뭐가 나중인지를 헷갈려 한다. 자동차에 백미러가 왜 있을까. 뒤를 돌아볼 줄 알아야 앞으로

질주할 수 있다. 일주일에 일요일은 왜 있겠는가. 하느님이 강제로 쉬라고 하는데 어겨 버리면 탈이 난다.

일만 할 줄 아는 한국인은 쉬고 노는 연습도 필요하다. 시간 날 때마다 놀아야 한다. 남들과 똑같지 않게 자기만의 체질과 템포를 감안하며 놀아야 한다. 낚시를 싫어하는 사람이 낚시를 하면서 놀 수 없다. 등산이 싫은 사람을 억지로 끌고 다니며 이게 제대로 쉬는 방법이라고 강요할 수도 없다.

그냥 집 안에서 빈둥거리는 것이 체질이면 그렇게 쉬면 된다. 꼭 여행을 가야 쉬는 것 같다면 한 달에 한 번은 여행을 가자. 이처럼 자기를 배려하는 쉼이 있어야 한다. 그래야 인생이 멋있어진다. 나 이랑 상관없이 쉬어 가는 인생이 멋있는 인생이다. 나는 다음 말에 울림이 있어 좋아한다.

"다리가 떨릴 때 여행하지 말고 마음이 떨릴 때 여행하라."

몸이 건강할 때 하고 싶은 것을 하며 살아야 한다. 건강한 몸을 일에만 바치면 너무 아깝다. 자기 몸은 자기를 위해 쓰라고 있는 것이다.

자기가 즐거워야 남들을 즐겁게 할 수 있다. 일단 자기부터 놀고 쉬게 해줘야 한다. 사실 나도 그렇게 하지 못했다. 이 글을 읽는 모든 분들에게 권한다. 나중에 후회하지 말고 지금을 즐기라고.

멋있고 맛있는 인생 레시피   후회하지 말자

맛있는 음식을 나중에 먹겠다고 미루어 놓는 사람이 있습니다. 우리 인생은
그리 길지 않습니다. 맛있는 음식은 미루지 마세요. 하고 싶은 것은 지금 당
장 시작하세요. 머뭇거리다가 인생 훅 갑니다. 남 눈치 볼 거 없습니다. 광고
에도 나옵니다. 드럼을 배우고 싶다면 나이 50이 되어도 주저하지 말고 시작
하는 편이 좋습니다. 후회하는 것들의 목록만 줄여도 인생이 멋있고 행복해
집니다.

1년에 한 번 문명에서 탈출하는 것도 멋이다

일상에서 편리함은 디지털의 몫이지만
행복은 아날로그라는 사실을 잊지 말아야 합니다.
- 김홍신

요즘 지하철을 타면 웃기는 광경을 자주 보게 된다. 사람들이 하나같은 모습으로 고개를 숙이고 똑같은 행위를 한다. 마치 기계나 로봇 같다. 스마트폰이 만든 우리 일상이다. 옆 사람하고 이야기하거나 책을 읽는 모습을 보기 힘들다. 예전에는 신문이라도 보는 사람이 있었다. 이제는 모든 활자가 작은 스마트폰 속으로 들어가 있으니 아예 껴안고 사는 것이다. 그렇다고 스마트폰으로 건강한 활자를 찾아보는 것도 아니다. 어떤 사람은 게임을 하고, 어떤 사람은 일을 한다. 열심히 사는 모습 같지만 뭔가 아쉽다.

누군가 질문을 한다. 속도가 벌어 준 시간을 우리는 어떻게 쓰고 있는가. 분명히 속도는 빨라졌는데 우리는 그만큼 여유가 없지 않은가. 차라리 문명 이전의 세계가 더욱 여유롭지 않을까 하는 생각까지 들 정도다. 당신은 문명을 즐기는 편인가? 아니면 문명 이전의 아날로그를 즐기는 편인가?

나는 아날로그가 좋다. 세상이 스마트해지고 디지털로 정확해졌다고 해도 LP판의 지직거림이 느껴지는 빈틈 있는 아날로그가 좋다. 아날로그는 왠지 푸근하며 조금 손해 보는 듯해도 인간미가 느껴진다. 디지털은 분명 우리를 편리하게 해준다. 하지만 편리함이 그대로 행복이 되지는 않는다.

행복은 결국 아날로그다. 디지털은 진보가 아니라 퇴보라는 생각이 든다. 예전 우리는 전화번호도 잘 기억했고 나름 머리를 자주 굴리기도 했다. 요즘은 영화 제목이 뭐더라 하면서 고민하지도 않게 되었다. 바로 스마트폰으로 검색하기 때문이다. 이러다 보니 머리 쓰는 일이 줄어들었다. 머리는 쓰면 쓸수록 좋아지는데 머리 쓸 일을 스마트폰이 대신한다. 그러니 퇴보라고 하는 것이다.

조용히 새소리를 듣고, 흘러가는 구름을 보고, 몸을 스쳐 지나는 바람을 느낀다. 이 모든 걸 디지털로 할 수 없다. 아무리 좋은 애플리케이션이 있어도 햇빛의 은총을 우리에게 그대로 재현해 줄까?

온몸으로 자연을 느끼기는 아날로그만이 가능하다. 그게 바로 인간이 누릴 수 있는 행복이다.

우리는 비록 먼지 덩어리에 불과해도 저녁노을의 아름다움을 보고 감탄한다. 비 오는 날 왠지 술과 파전이 당기는 정서는 디지털이 가져다줄 수 없다. 내 자식이 아닌 남의 자식이 불의의 사고로 죽어도 우리는 눈물을 흘린다. 이런 감정을 디지털은 절대 표현하지 못한다.

요리 애플리케이션이라는 것이 있어서 맛있는 레시피를 스마트폰으로 다운받아 요리를 하기도 한다. 엄마가 가르쳐 주지 않아도 김장을 할 정도다. 그렇게 만든 요리에는 뭔가 빠져 있다. 같은 재료로, 같은 방법으로 요리를 해도 맛이 다르다. 왜 그럴까? 누구도 흉내 낼 수 없는 손맛이 빠진 것이다.

레시피대로 한다면 세상의 요리가 똑같을 것이다. 옛날 어머니들이 요리를 할 때는 저울에 재거나 몇 스푼 넣는다는 개념이 없었다. 딸이 엄마에게 물어본다.

"엄마, 간장 몇 스푼 넣어야 해?"

그럼 대부분의 엄마들은 "적당히!"라고 답한다. 엄마들이 요리를 가르치면서 가장 많이 쓰는 말이 적당히다. 적당히가 손맛이다. 디지털은 적당히가 없다. 모든 것이 개량화되어 있어서 숫자대로 해야 한다. 그러니 뭔가 빈틈과 여유가 생기지 않는다.

우리가 흔히 말하는 오묘한 맛은 디지털이 흉내 낼 수 없는 맛이다. 숫자로 개량화되지 않은 약간의 오차도 포함되어 있다. 오차가 있어야 말로는 표현하지 못할 맛이 나오는 것이다.

전자레인지에 음식을 익히면 빠른 시간 안에 속까지 고루 익어서 편리하다. 대신 물기가 말라 음식이 건조해지고 좀 팍팍한 느낌이 든다. 오븐에서 조리하면 겉은 타고 속은 덜 익는 경우가 생기지만 적당히 촉촉하고 풍부한 느낌이 든다. 쉽게 비교하자면 전자레인지에 구운 고구마와 옛날 드럼통 속의 자갈 위에서 연탄불로 구운 고구마의 맛이 다른 것과 같다. 그래선지 한때 전자레인지가 주방의 요리 기구를 통일할 것 같았지만 다시 많은 주부들이 오븐을 찾고 있다.

음악을 들을 때 CD는 맑고 명징한 음색과 원음에 가까운 소리를 제공한다. 하지만 너무 명료해서 기계적인 느낌까지 전해 준다. 반면 LP는 음 전달의 정확도가 떨어지고 잡음도 발생하지만 뭔가 울림이 있고 인간적인 느낌을 준다. 마니아들 중에는 굳이 LP를 찾는 사람들이 있다. 곧 사라질 것 같던 LP가 아직도 생산되는 이유다.

한 연구 결과에 따르면, LP를 들으면 사람이 휴식을 취할 때 뇌에서 발생하는 알파파가 많이 나온다. CD를 들으면 알파파가 많이 나오지 않는다고 한다. 우리 삶에 아날로그가 있어야 하는 이유를 여기서도 찾을 수 있다.

최근 대중음악들은 전자 악기를 많이 사용한다. 전자음은 맑고 깨끗하고 음가가 일정하지만 뭔가 메마르고 건조한 느낌을 준다. 순수하게 사람의 손에 의존하는 어쿠스틱 악기들은 연주자의 역량과 컨디션에 따라 편차가 심한 음향을 들려주기도 한다. 하지만 마음을 건드리는 울림과 풍부한 편안함이 있다. 한때는 전자 악기를 배제한 언플러그드 음악이 인기를 끌기도 했다.

시간을 분 단위까지 쪼개서 관리하는 시테크니 재테크니 하는 용어들이 등장하고, 인생을 효율적으로 사는 방법들을 알려 주는 책이 난무하는 요즘이다. 바쁘고 효율적이고 멋있게 세상을 사는 방법을 모르면 시대에 뒤처진 느낌까지 들기도 한다. 그러나 바쁘게 효율적으로만 살다 보면 어딘가 인간적인 느낌이 부족함을 알게 된다.

빈틈없이 꽉 짜인 삶을 살면 마음이 쉴 시간이 없다. 여유가 없어진 마음에는 사물이 있는 그대로 보이지 않으며 삶은 팍팍해진다. 전자레인지에 구워진 고구마처럼 물기 없는 삶이 되는 것이다. 통기타에서 전해지는 영혼의 울림을 느끼지 못한다.

현대 생활이 바쁘게 돌아가면 돌아갈수록 사람들은 가슴이 너무 메말라 가는 느낌을 받으면서 뭔가 마음의 울림을 찾는다. 모든 것이 편해지고 생활 수준도 향상되었는데도 오히려 우울증 환자가 많아지는 이유이다. 사람들은 마음의 울림을 찾기 위해 여가 시간에 자연을 찾아가고 아날로그적인 단순함을 찾기도 한다. 전지만 넣으면 정확한 시간을 보여 주는 전자시계에 완전히 밀릴 줄 알았던 기계식 시계가 비싸게 팔리는 이유이기도 하다.

앞으로 사람들은 디지털 방식의 삶에서 부족한, 오랜 시간 숙성된 풍부함과 영혼의 울림을 많이 찾을 것이다. 산속의 절에서 하는 템플 스테이 같은 어쿠스틱한 체험이 갈수록 인기를 끌고 있다. 세상에는 효율적인 디지털 방식만이 아니라 시대에 뒤떨어지고 비효율적인 아날로그를 추구하는 사람도 존재하는 것이다.

새로운 문명 하나가 다가오면 우리에게 있던 무엇인가가 빠져나간다. 나는 현대 문명의 편안함을 의심하기 시작했다. 편안하다고 편안한 것이 아니다. 편안함을 추구하면서 우리 몸의 올바른 기능들이 퇴화하는 느낌을 받는다. 그냥 시골에서 옛날 방식으로 사는 편이 우리를 더 건강하고 행복하게 할 수 있다는 생각이 든다. 옛날의 아날로그 방식이 우리 몸을 건강하게 한다는 사실을 깨달은 것이다.

나는 살을 빼려면 독하게 빼야 하고, 기왕 마음먹었으면 약을 먹든 주사를 맞든 공격적인 방법을 취하라고 한다. 그에 앞서 만약 가능하다면 자기 몸에 불편함을 주라고도 한다. 조금 더 걷고, 조금 더 땀을 흘리면서 몸의 근육을 움직이게 해야 다이어트 효과도 높기 때문이다. 문명에 대한 의존을 줄이면 내 몸에 놀랍고 기분 좋은 변화가 반드시 올 것이다.

멋있고 맛있는 인생 레시피　　　　　　　　　원시인으로 살자

문명에 너무 중독된 우리들은 가끔은 원시인으로 돌아가서 문명의 도움 없이 살아갈 필요가 있습니다. TV, 컴퓨터, 스마트폰 등 없으면 안 될 것 같은 녀석들과 일주일에 한 번 정도는 헤어지십시오. 손가락 발가락의 감각을 음미하듯 아날로그가 잊힌 감각을 부활시키십시오. 원시인의 아날로그는 현대를 주인으로 멋지게 살아갈 건강한 생명 에너지를 줍니다.

인생은 속도전이 아니다

느림이란 시간을 급하게 다루지 않고
시간의 재촉에 떠밀려 가지 않겠다는
결심에서 나오는 것.
- 피에르 쌍소

얼마 전 읽은 알랭드 보통의 《여행의 기술》에 다음 구절이 있다.

"빨리 간다고 해서 더 잘 보는 것은 아니다. 진정으로 귀중한 것은 생각하고 보는 것이지 속도가 아니다."

우리가 사는 모습은 속도전을 보는 듯하다. 모든 걸 빨리 처리해야 한다. 생각이나 아이디어도 빨리 뽑아내야 하고 책도 빨리 많이 읽어야 한다. 생각이 숙성될 시간이 없다. 모두가 디지털이라 기계적으로 빨리 처리하는 것이 대세이다. 먹는 것도 그렇다. 패스트푸드가 꼭 나쁜 음식은 아니라고 하지만 그래도 여유 있게 음식을 먹는 풍경은 사라지는 중이다. 너무 속도를 강조하다 보니 역설적으로 느림을 추구하는 사람이 늘고 있기는 하다. 빨라진 세상에서 우리가 가져야 할 여유라면 무엇이 있을까?

산업 사회가 되면서 냉장고가 나왔다. 옛날에는 상상도 못 했던 일이다. 냉장고가 생기면서 음식을 오래 저장하게 되었다. 옛날에는 오랫동안 음식을 저장할 수 없어 바로바로 먹어야 했다. 저장을 하더라도 땅에 묻거나 토굴에 넣었다.

음식을 많이 만들면 저장하기 힘드니까 먹을 만큼만 만들었다. 당연히 음식물 쓰레기도 적게 나왔다. 지금은 음식물 쓰레기가 장난이 아니다. 엄청나다. 지구를 위해서도 좋지 않다. 냉장고 하나가 프레온 가스도 만들고 음식물 쓰레기도 만든다. 인간이 편하기 위해서 만든 기계들이 도리어 힘들게 하고 있는 것이다.

예전에는 그래도 여유가 있었다. 엄마가 만든 음식을 그날 가족들이 먹었다. 조금 부족해도 나눠 먹는 재미가 있었다. 바로 만든 음식이라 맛이 변하지도 않았다. 냉장고가 없어도 건강하게 살았던 시절이다. 그런데 혼자 먹다 남은 음식을 저장했다가 나중에 먹고 하니까 상하거나 많이 남으면 쓰레기가 된다. 겉보기에는 편해진 것 같아도 생각지 못한 문제가 생긴 것이다. 역시나 옛날이 더 여유가 있었지 않나 하는 생각도 든다.

　음식은 전형적인 아날로그다. 손맛이 없으면 좋은 맛을 내기 힘들다. 패스트푸드 트렌드가 나쁜 것만은 아니다. 시대에 맞춰 살다 보니 가족이 함께 모여 음식을 나눠 먹기가 힘들어졌다. 만들어 놓아도 따로따로 먹게 되었다. 퇴근하는 시간도 모두 다르고 각자 자기 사회생활을 해야 한다. 예전처럼 식구라는 개념으로 같이 음식을 먹기가 힘들다. 그래서 패스트푸드가 활성화되었을 수도 있다.

　최근의 생활 패턴을 이해하면 패스트푸드를 욕할 수만은 없다. 바쁜 사람들에게는 패스트푸드만큼 효과적인 음식이 없다. 나도 강의 시간에 쫓기면 어쩔 수 없이 패스트푸드를 먹는다. 패스트푸드라고 무조건 나쁜 음식이라고 말하면 안 된다. 다만 과하면 나쁘다고 본다. 과해서는 안 되고 너무 상용해서도 안 된다.

　인생도 마찬가지다. 인생에서 속도전이 필요할 때가 있다. 꼭 속도전이 나쁜 것만은 아니다. 인생에는 치고 내달려야 할 때가 있다. 그렇다고 자꾸 속도만 생각하면 행복할 수가 없다. 어떨 때는 쉬어야 하고, 어떨 때는 뒤로 물러나야 한다. 한눈도 조금씩 팔며 살아야 한다. 그동안 한국인은 앞만 보고 살았다.

　등산을 가도 한국인은 앞만 보고 정상까지 올라간다. 내려와서 불가마도 가고 막걸리도 한잔하고 그래야 진짜 등산이다. 산길을 그냥 앞만 보고 올랐다가 정신없이 내려온다. 가끔 농땡이도 치고, 만나기 힘든 들꽃도 보고, 절하는 스님도 보고 그래야 하는데 그걸 안 한다. 인생도 속도전으로만 가면 안 된다. 겸용을 해야 한다. 속도전과 쉼과 물러남과 멈춤과 함께 감을.

돈 버는 일과 경쟁하는 일에는 속도전이 필요하다. 그러나 가족 관계, 인생 문제, 자유에 관한 것 등은 안정적 늦춤이 필요하다. 패스트푸드는 인생에서 속도전과 비슷하다. 나쁘다고 생각하면 없어져야 하는데 절대 없어질 것 같지 않다. 없어지지는 않고 입맛에 맞게 변형되거나 개선될 것이다.

한번 익숙해진 것은 뒤로 안 돌아간다. 패스트푸드에 길들여진 입맛은 원래대로 쉽게 돌아가기 어렵다. 속도전의 시대에 걸맞게 패스트푸드도 더욱 업그레이드되면서 살아남을 것이다.

건강 생활을 위한 식문화가 필요한 21세기에는 패스트푸드도, 슬로우푸드도 아닌 미들푸드의 개념이 필요하다. 사회적, 정신적 충족이 가능한 음식의 만족감으로 우리 일상을 힐링한다면 하루 세 번씩 더 젊고 건강해지지 않을까? 너무 빠르게 먹거나, 너무 느리게 먹지 않고 적당히 우리의 라이프스타일에 맞는 미들푸드에 관심을 가져 보자. 음식도 너무 한 가지 스타일만 고집하면 인생까지 불균형해질 수 있다.

멋있고 맛있는 인생 레시피   슬로푸드를 먹자

일하면서 먹는 패스트푸드가 꼭 나쁜 것만은 아닙니다. 그러나 우리는 어느
덧 패스트푸드에 길들여져서 정성을 들여 만드는 슬로푸드의 깊은 맛을 잃
어 가고 있습니다. 김치도 그냥 사 먹고 된장도 그냥 사 먹습니다. 이제는 밥
도 직접 해보고, 반찬도 직접 만들어 보세요. 시간의 힘으로 만들어 내는 느
린 음식들의 참맛을 자기 힘으로 만들고 느껴 보세요.

비교는 자신을 갉아먹는
최악의 유해균이다.
비교하는 순간 평화가 깨지고
평정심을 잃는다.
100억 원을 가진 사람도
비교라는 병에 걸리면
100억 원이 돈으로 보이지 않는다.
비교는 감사와 겸손이라는
인생 깨달음의 두 다리를 부러뜨린다.

비교하는
순간
배가
아파 온다

보기 좋은 떡이 먹기도 좋을까?

사랑은 눈으로 보지 않고
마음으로 본다.
– 셰익스피어

    캠퍼스를 거닐다 보면 멋있는 제자들이 종종 눈에 들어온다. 단순히 외모만의 멋있음이 아니라 무언가 자기 꿈을 이루기 위한 열정이 보이면 더욱 뚜렷이 느껴진다. 멋있임은 물론 외모가 중요하다. 그러나 내가 만난 모든 멋있는 사람은 내면이 멋있는 사람들이었다. 내면이 갖추어지지 않은 멋있음은 그냥 포장과 메이크업에 불과하다.

    음식도 당연히 보기 좋은 것이 먹기에도 좋다. 하지만 음식을 만들기 위한 정성이 빠진다면 아무리 겉보기에 멋있어도 눈에 들어

오지 않는다. 굳이 조미료를 사용하지 않아도 음식을 대하는 태도와 정성만 있으면 맛이 달라지는 것이다.

보기 좋은 떡이 먹기에도 좋다는 속담은 내면만큼이나 외면도 중요하다는 의미를 내포하고 있다. 내면을 소홀히 하고는 외면이 아름다울 수 없다. 조금 못생겨도 내면을 잘 가꾼 사람은 바깥으로 풍기는 분위기가 다르다.

나는 〈팬텀싱어〉라는 노래 프로그램을 즐겨 본다. 그 프로그램에 나오는 젊은 남자들은 멋있다. 얼굴도 얼굴이지만 표현하는 예술적 감수성이 멋있다라는 말을 저절로 떠오르게 한다. 자기 꿈에 쏟는 열정은 누가 봐도 멋있다. 이런 열정은 누구한테 잘 보이기 위한 열정이 아니다. 자기가 하고 싶은 걸 이루어 내고 싶은 열정이다.

우리는 사실 남에게 내가 어떻게 비치느냐가 중요한 시대를 살고 있다. 자신을 가꾸지 않고 그저 남에게 잘 보이기만을 바란다. 이런 태도는 내면이 없는 포장지에 불과하다.

세상에서 가장 멋있는 사람은 누구일까? 자신을 다스릴 줄 아는 사람, 지금 무엇을 채워야 할지를 알고 행동하는 사람, 조금은 서운해도 만족해하고 타인에게 양보할 줄 아는 사람이다. 정말 멋있고 아름다운 사람이다. 외출하기 전에 옷단장을 하거나 화장을 하거나 향수를 고르면서도 남을 의식하기보다 자기를 가꾼다는 생각으로 하는 사람이 멋있다. 물건은 보조일 뿐이다.

누군가에게 멋있게 보이고 누군가를 기분 좋게 하고 싶다면 자신을 기분 좋게 하는 것이 먼저다. 자신의 멋에 취한다고 해서 왕자병, 공주병이 아니다. 나다움을 찾는 중요한 과정이다. 나의 내면과 어울리는 어떤 것을 찾아내는 것이 멋을 가꾸는 시작이다.

진짜 멋있는 사람은 누군가를 위해 희생할 줄 아는 사람이다. 그런 사람을 우리는 리더라고 부른다. 우리 시대에는 리더가 많이 사라졌다. 대통령조차도 자기변명을 하기 바빴던 시대이다. 누구나 잘못을 할 수 있으나 잘못을 인정하기란 쉽지 않다. 멋있는 사람은 자기 잘못을 솔직하게 인정하며 반성하고 개선한다.

누군가를 의식하는 멋은 가볍다. 누군가를 의식하는 몸짓은 금방 티 나게 되어 있다. 그래서 더 멋이 없다. 타인을 의식하지 않고 자신에게 소중한 무언가를 꽉 움켜쥐고 있는 사람이 멋있는 사람이다. 일도 잘하지만 가족을 잘 챙기는 아빠는 누가 봐도 멋있다. 약자에게 양보할 줄 아는 배려는 멋있는 사람들이면 누구나 갖고 있는 향수다.

사랑하면 멋있어지기 마련이다. 여러 사람에게 잘 보이기보다단 한 사람에게 어떻게 보일지 고민하기 때문이다. 우리는 여러 사람으로부터 멋있다는 소리를 들으며 살 필요 없다. 직업이 연예인이라면 그럴 수도 있지만 그래도 만인에게 멋있다는 소리를 듣지는 못한다. 자신의 내면에 있는 멋을 발견해 주는 사람들에게 멋있으면 된다. 사랑을 하면 단 한 사람을 위해 최선을 다한다. 한 사람이 좋아할 만한 일을 연구하고 찾아내서 마음에 들 때까지 부단히 노력한다. 그런 사람을 옆에서 보면 그저 흐뭇하다.

나는 지금 10명의 멋있는 사람을 소개하고자 한다. 멋있는 사람이 되기 위한 기본 조건을 갖춘 사람들이다.

첫 번째는 "할 수 있습니다"라고 말하는 긍정적인 사람이다. 긍정은 곧 열정으로 이어진다.

두 번째는 "제가 하겠습니다"라고 말하는 능동적인 사람이다. 멋있는 사람은 스스로 무언가를 찾아서 한다.

세 번째는 "무엇이든지 도와 드리겠습니다"라고 말하는 적극적인 사람이다. 어려운 사람을 적극적으로 도울 줄 아는 사람이 멋있는 사람이다.

네 번째는 "기꺼이 해 드리겠습니다"라고 말하는 헌신적인 사람이다. 희생이 필요하다.

다섯 번째는 "잘못된 점은 즉시 고치겠습니다"라고 말하는 겸허한 사람이다. 잘못을 인정할 줄 알아야 한다.

여섯 번째는 "참 좋은 말씀입니다"라고 말하는 수용적인 사람이다. 남을 칭찬하고 남의 충고를 들을 줄 알아야 한다.

일곱 번째는 "이렇게 하면 어떨까요?"라고 말하는 협조적인 사람이다. 더불어 사는 삶의 가치를 아는 사람이다.

여덟 번째는 "대단히 고맙습니다"라고 감사할 줄 아는 사람이다. 감사는 멋있는 사람들의 기본 태도이다.

아홉 번째는 "도울 일 없습니까?"라고 묻는 여유 있는 사람이다. 내 것만 챙기지 않고 남을 배려할 줄 알아야 한다.

마지막으로 열 번째는 지금 내가 할 일이 무엇인지 찾아서 할 줄 아는 사람이다. 시키는 일만 하는 사람이 아니라 창조적인 사람이 되어야 한다.

멋있는 사람이 멋있는 안생을 산다. 우리, 멋있게 살자.

멋있고 맛있는 인생 레시피　　　　　자기 관상을 바꾸자

늘 좋은 생각만 하고, 늘 웃고 지내며, 감정에 솔직하고, 남을 배려할 줄 아는 사람은 관상이 바뀝니다. 자기 얼굴은 성형외과 의사가 아니라 본인이 책임지는 겁니다. 아침에 일어나 자기 얼굴을 보며 활짝 웃어 주세요. 웃는 얼굴로 세상을 대하세요. 아주 사소한 일도 감사하며 사세요. 겸손하게 선물 같은 인생을 사는 사람에게 아주 멋진 관상이 주어집니다.

맛은 서로를 비교하지 않는다

모든 비교는 나쁜 것이다.
따라서 결코 사람들끼리 비교를 해서는 안 된다.
- 세르반테스

인생을 즐기려면 비교하지 말고 살아야 한다. 그게 쉽지 않다. 얼마 전에 읽은 요제프 킬슈너의 《네 뜻대로 살아라》에 이런 구절이 있었다.

"자기와 다른 사람을 비교하며 누가 우위인지를 끊임없이 신경쓰는 사람은 여유 있는 기분으로 살 수 없다. 평온한 생활을 할 수 없는 것이다."

비교는 누구를 의식하는 것이다. 의식하는 순간 자기가 없어진다. 자기 인생을 즐길 수 없다. 음식을 보면 단맛, 쓴맛이 서로를 비교하지 않는다. 혀의 감각도 네가 더 낫다 나쁘다라는 판단을 안 한다. 짠맛, 신맛, 쓴맛을 느끼는 감각 기관은 따로따로 혀에 자리를 잡아서 서로 비교를 하지 않는다. 가끔은 상승 작용을 하기도 한다.

안 그래야지 하면서도 나도 사람이다 보니 누군가를 의식하고 비교하기도 한다. 그럴 때마다 솔직히 속이 상한다. 비교를 해서 좋았던 경험이 별로 없다. 가만히 보면 비교는 정신적인 것을 비교하지 않는다. 대부분 물질적인 것에 치우쳐 있다. 그러니 비교에 빠지면 정신은 허해질 수밖에 없는 것이다.

비교가 나쁜 이유 중 하나는 비교하는 순간 열등감에 빠지거나 별것 아닌 일에 오만해진다는 것이다. 사실 열등감에 빠져 주눅 드는 것도 안 좋지만 남보다 조금 많이 가졌다고 우쭐대며 으스대는 행동은 더욱 나쁘다.

비교를 안 하며 살 수 없다면 비교 방법을 바꿀 필요가 있다. 잘난 척만 하지 않겠다고 다짐한다면 상향 비교보다 하향 비교가 좋다. 아파트 융자로 허덕이고 있다면 더 좋지 않은 환경에 처한 사람들을 생각하며 감사하는 방법이 하향 비교이다. 비교를 통해 자기를 위로하고 다독거릴 수 있다면 권장할 만하다.

긍정적이고 좋은 방향으로 흐르지 않고 내가 힘들거나 어려운 일이 생겼을 때가 문제다. 정말 나 혼자만 살면 힘들지 않다가도 다른 사람을 의식하는 순간 힘들어지기 시작한다. 신화가 된 여자 오프라 윈프리도 남들을 의식하는 것에서 힘든 시간이 비롯되었다고 이야기한다.

　나도 다르지 않다. 아무도 주위에 없으면 괜찮은데 결국은 다른 사람과 비교하게 된다. 다른 사람들이 나를 어떻게 생각할까? 어떻게 볼까? 꼭 비교라는 단어까지는 아니어도 다른 사람을 약간 의식하는 태도가 내게도 있는 것 같다.

　남을 의식하는 문제가 나쁜 것만은 아니다. 이 사회에서 건강하고 즐겁게 살기 위해서는 남을 의식하되 비교보다는 배려의 마음을 갖기를 권한다. 비교와 배려는 단어 자체의 격이 다르다. 비교는 왠지 자신을 위축시키지만 배려는 내가 중심이 되어 남을 대한다. 차이가 엄청나다.

　사실 비교는 인간의 본성이다. 비교를 해서 행복하지 않다는 게 문제다. 인물, 학력, 집안, 돈, 아파트, 자동차, 직위 같은 걸 계속 비교하면 누구도 주눅이 들 수밖에 없다. 결국 비교의 방법을 다시 생각해야 한다. 자기를 위한 쪽이냐, 자기를 망가뜨리는 쪽이냐 하는 방법론이 중요하다.

　사람들은 체질에 따라 신맛이 좋은 사람, 단맛이 좋은 사람이 있다. 우리는 신맛이 틀렸다고 얘기하지 않는다. 그냥 다를 뿐이다.

우리는 살아가면서 다름을 틀림과 헷갈려 한다. 자기 기준으로 남을 틀리다고 매도하는 오만함이 너무 많다.

비교에서 자유로워지려면 상대가 나와 다르다는 사실을 인정하는 것이 가장 좋다. 지구상에서 나랑 같은 사람은 한 사람도 찾기 어렵다. 모두 달라서 굳이 같아지려고 하는 비교의 울타리를 스스로 칠 필요가 없는 것이다.

돈을 많이 버는 사람이 있다. 나하고 다른 사람이다. 외모가 출중한 사람이 있다. 역시 나하고 다른 사람이다. 내가 다른 곳을 바라보면 누군가는 나의 뒷모습을 본다. 내가 모르는 나의 장점을 누군가는 부러워할 수도 있다. 그걸 스스로 찾아내면 비교에서 자유로워진다. 나하고 다른 사람이 많다는 점을 깨달아야 한다. 그러면 마음의 평화도 저절로 찾아온다. 법정 스님도 말씀하셨다.

"자신의 존재를 있는 그대로 받아들이지 못하면 불행해진다. 진달래는 진달래답게 피면 되고 민들레는 민들레답게 피면 된다."

나는 이 말씀에 무릎을 쳤다. 서로를 질투하는 꽃을 본 적이 없다. 아무리 못생긴 돼지도 잘생긴 돼지의 외모를 보고 비교하며 좌절하지 않는다. 식물과 동물은 본성대로 살아가기 위해 오로지 자기 존재를 긍정하고 거기에 머무른다.

인간은 자꾸 옆을 돌아보고 비교하며 자신의 존재를 잃어버린다. 비교하는 순간 자기는 없어지고 남들의 허상만 생긴다. 비교하는 순간 여유는 사라지고 남들의 뒤꽁무니만 허둥대며 쫓게 된다. 뻔히 잘살면서도 더 잘사는 사람과 비교하며 자신을 힘들게 한다. 남들이 갖지 못한 것을 많이도 가지고 있으면서 자꾸 부족하다며 물질의 노예, 돈의 노예가 되어 간다. 사돈이 땅을 사면 왜 배가 아픈가? 그게 왜 상식이 되어야 하는가? 그냥 지금 가지고 있는 것에 만족하면서 남과 비교하지 않고 오로지 자기만의 인생을 살 수는 없는가 하는 생각을 해본다.

맛있고 맛있는 인생 레시피   비교하지 말자

모든 사람은 비교하는 순간 자기 페이스pace를 잃고 자기 페이스face도 잃어버립니다. 동네 강아지도 옆집 강아지랑 비교당하면 우울해합니다. 자신을 남과 비교하지 마세요. 인생에서 비교병만 버려도 무지 가볍고 행복해질 수 있습니다.

비타민 같은 인생은 어떤 인생일까?

만난 사람 모두에게서 무언가를 배우는 사람이
세상에서 제일 현명하다.
- 탈무드

"너는 나의 노래 너는 나의 햇살 넌 나의 비타민 날 깨어나게 해"

내 휴대폰의 컬러링은 박학기의 노래 〈비타민〉이다. 나에게 전화를 자주 거는 친구들은 이제 컬러링 좀 바꾸라고 한다. 하지만 비타민이 내 인생의 콘셉트가 되었기에 미안하지만 그들의 요청을 들어줄 수가 없다.

나는 예전부터 '비타민'이란 단어가 참 좋았다. 하나밖에 없는 아들로 인해 작은 행복감이 들면 아들을 '내 인생의 비타민'이라고 불렀다. 기운이 없어 지쳐 있다가도 좋은 일이 생기면 비타민 같은 선물이라고 생각했다. 소중한 사람들이 생기면 가장 먼저 하는 선물도 비타민제였다.

우리 일상에서 상쾌한 활력을 주는 느낌! 나는 5대 영양소 모두가 중요하다고 강조한다. 그중 비타민을 제일 사랑한다. 내 별명도 비타민 교수이다.

비타민은 우리 몸 안에서 생각보다 많은 일을 한다. 탄수화물, 단백질, 지방이라는 주요 3대 영양소가 아니어서 덜 중요하다고 생각할 수 있지만, 비타민을 섭취하지 못하면 몸에 들어온 3대 영양소가 제 역할을 하지 못한다. 비타민이 주요 영양소의 기능과 지방 연소를 위한 필수적인 성분으로 조효소 역할을 하기 때문이다.

세상에는 음식으로 섭취하는 비타민만 있지는 않다. 사람은 살면서 자신에게 조금은 특별한 비타민들을 갖게 된다. 자연이 주는 비타민, 세상이 주는 비타민은 수천만 개가 있다. 특별히 나의 삶에 있어 정말 깨우치게 하고 깨어나게 하고 힘이 나게 하는 비타민은 무엇일까?

사람도 비타민 같은 사람이 있다. 같이 있으면 저절로 웃음이 나는 사람, 몇 마디 이야기를 나누면 힘이 되는 사람, 자꾸만 만나고 싶고 어울리고 싶은 사람 등. 당신도 비타민 같은 사람인지 한번 돌아보자.

3대 영양소 중에 하나인 단백질, 탄수화물, 지방은 하나씩이다. 단백질은 그냥 단백질 하나이다. 지방, 탄수화물도 각각 하나씩인데 비타민은 종류가 너무 많다. 비타민 B1부터 B2, B6 등 B종류만 해도 7~8가지가 있다. 비타민 C, A, D 등도 한 개로 고를 수 없다.

영양소 중에서 비타민과 무기질은 미량 영양소이다. 하지만 부족하면 외부 저항력이 떨어지며 피로를 느낀다. 비타민이 충분하면 피부에 밝고 화사한 봄의 빛을 줄 수 있다. 비타민과 무기질의 결핍은 체내에서 피로 물질을 유발하므로 활력이 없어지고 피로가 쌓인다. 비타민을 먹으면 피부 세포의 재생과 콜라겐 합성을 도와 피부에 윤기와 광택을 준다.

비타민과 무기질은 인생의 무엇과 비교할 수 있을까? 내가 보기에 비타민은 웃음이고 무기질은 희망 아닐까? 잘 웃는 사람은 몸의 모든 기능이 원활하게 움직인다. 희망을 품고 있는 사람은 축적된 몸속의 에너지를 효율적으로 사용한다.

인생에서의 비타민은 식품이나 영양에서의 비타민보다 수천만 배 많다. 햇빛, 물, 식물, 그리고 우리가 흔히 무시하는 잡초들도 인생에서는 비타민이 될 수 있다. 햇볕을 많이 쬐면 비타민 D가 몸속에 생성되는데도 사람들은 덥다고 짜증을 낸다. 고마운 선물 앞에서 왜 짜증을 내는가.

내 눈에는 마음먹기에 따라 힘을 줄 비타민들이 천지에 널려 있다. 시원한 바람, 아이들의 웃음소리, 조용한 산책, 평화로운 피아노 소리, 책장 넘기는 소리, 뽀송뽀송하게 마른 빨래, 보람을 주는 제자들, 나를 더 성장시키는 스승들……. 비타민을 물질로만 국한시키지 않는다면 유익한 비타민들이 주변에 많다. 인생을 음미하는 사람들은 비타민들을 잘 찾아내어 흡수한다.

비타민은 없어서는 안 되는 존재다. 비타민 같은 사람들도 마찬가지다. 사실 인간적으로 봐서는 기본 영양소란 처음부터 타고나는 성질과 같다. 나머지는 다른 이들에게 영향을 받으면서 힘을 얻는다. 영양에서도 단백질이나 탄수화물과 달리 비타민은 보조적인 역할이지만 없으면 단백질, 탄수화물, 지방이 전혀 제 역할을 못 한다. 삶에서의 비타민은 보조적이지만 내가 일을 힘내서 하게 만드는 중요한 멘토이다.

비타민 중에 최고는 사랑이다. 사랑만 있으면 삶의 활력이 샘솟는다. 아무리 어려운 고난이라도 서로 사랑하는 마음만 있으면 견뎌 내지 못할 바가 없다. 가주 장혜린의 노래 〈비타민 사랑〉이 딱 내 생각과 마음을 대변한다. 가사를 한번 들어보라.

"비타민 없인 살 수 없듯이 당신 없인 못 살아 …… 내 몸에 비타민이 되어 주세요 사랑해 주세요"

우리에게도 비타민 사랑이 필요하지 않을까.

도와주며 살자

넘어진 사람에게 손을 내밀 줄 아는 여유가 있어야 합니다. 남의 아이가 다쳐도 내 아이처럼 달래 주고 보호해 주어야 합니다. 당신도 누군가의 영웅이라는 말이 참 좋습니다. 인생을 살면서 누군가 당신 덕분에 삶이 더 풍요롭고 여유롭고 행복해졌다는 말을 듣도록 하십시오. 그 말만큼 힘이 되는 말은 없습니다.

우리 삶의 5대 영양소는 무엇일까?

우리는 하루하루를 보내는 것이 아니라
내가 가진 무엇으로 채워 가는 것이다.
– 존 러스킨

탄수화물, 단백질, 지방을 3대 영양소라고 하고 무기질, 비타민을 합하면 5대 영양소라고 한다. 각자의 삶에도 5대 영양소가 있을 것이다. 삶을 지탱하기 위해 꼭 필요한 영양소 말이다. 물론 사람따라 다를 것이다. 어떤 사람은 돈, 명예가 5대 영양소에 들 것이고 어떤 사람은 사랑, 하느님이 들어 있을 것이다.

서울대학교 최인철 교수는 행복을 위한 3대 영양소를 소개한다. 첫째는 신나게 살기, 둘째는 의미 있게 살기, 셋째는 몰두하며 살기! 아직 세 가지를 잘 지키지 못하는 내게는 행복의 영양소가 좀 부족한 것 같다.

사람은 밥만 먹고 살 수 없다. 아무리 좋은 자동차, 좋은 집이 있어도 채워지지 않는 무엇이 있다. 그것이 바로 삶의 영양소이다. 물질로 대체할 수 없는 무엇. 나는 삶의 5대 영양소를 자연, 건강, 배려, 감사, 사랑이라고 본다.

사람들 속에서 살다 보면 싱그러운 녹색이 그리워진다. 숲속으로 난 산책길을 30분 정도 걷다 보면 마음의 걱정거리가 사라지고 새로운 에너지가 채워진다. 숲의 향기와 새소리, 바람 소리가 완전히 다른 세상으로 나를 데려간다. 도심의 시끄러운 경적 소리와 사람들 소리에서 벗어나 잠시 고요를 즐길 필요도 있다. 자연은 우리에게 꼭 필요한 삶의 영양소 중에 하나다.

자연 다음으로는 건강이 있다. 건강은 자연과 가까이하면 더 좋아진다. 100억 원대 재산을 가졌다 해도 건강을 잃는다면 아무 소용이 없다. 건강은 잃은 다음에야 그 가치를 안다. 병원에 한 달 누워 있어 보면 멀쩡하게 걸어 다닐 수 있다는 자체만으로도 얼마나 감사한지 모른다.

세 번째 삶의 영양소는 배려다. 어차피 혼자 사는 인생이 아니다. 서로 건강하게 더불어 살려면 남을 배려하는 기본적인 마음이 필요하다. 그것이 매너이고 품격이다.

네 번째는 아주 작은 혜택이라도 고마워해야 한다는 감사이다. 감사는 자동차의 백미러와 같다. 인생은 앞만 보고 달릴 수 없다. 가끔 옆도 돌아보고 뒤도 돌아봐야 한다. 그러면 내가 감사할 일들이 보인다.

마지막으로는 앞에서도 언급했던 사랑이다. 밝고 힘차게 살아갈 에너지를 주는 비타민 같은 영양소가 사랑이다. 사랑만 있으면 아침에 눈을 떠 새로운 하루를 시작할 때 입에 침이 고인다. 오늘도 모두를 사랑하는 마음으로 평화롭게 살아갈 것을 다짐하게 된다.

우리나라에서의 삶에 입맛이 떨어져 다른 나라로 가고 싶어 하는 사람들이 꽤 많다. 심지어 '헬조선'이라고도 얘기한다. 음식 맛이야 우리나라가 최고라고 자부하지만 삶의 질은 점점 떨어지고 있다. 입맛이 떨어지면 5대 영양소들이 눈에 들어오지 않는다. 월급은 늘지 않고 빚만 늘어 간다. 당연히 입맛이 떨어진다.

신경이 날카로워지니 이웃들과 싸움도 자주 한다. 이제는 술맛도 떨어진다. 나라 돌아가는 것이라도 괜찮으면 좋으련만 뉴스에 나오는 기사들은 도무지 상식적으로 이해가 되지 않는 것투성이다. 이러니 살맛이 날 이유가 없다. 그렇다고 전부 팽개치고 산으로 들어갈 수는 없지 않은가. 이민도 어느 정도 여건이 갖추어져야 가능한 것이다. 젊은이들 사이에 국제 영어 능력 시험인 아이엘츠IELTS

열풍이 부는 이유도 조건을 갖추려는 노력일 것이다.

입맛 떨어지는 인생을 달달하게 만드는 방법은 없을까? 그럴 때마다 나는 가끔 일탈을 권한다. 쳇바퀴의 공식에서 잠시 벗어나는 것이다. 남들이 예상하는 삶의 궤도에서 가끔 이탈하는 게 좋다. 페이스북을 열심히 하는 사람이라면 한 달 정도 페이스북을 끊자. 아니, 특별히 일상에 문제를 초래하지 않는다면 휴대폰 없이 한 달을 살아보는 방식은 어떨까. 나는 빨간 공중전화나 삐삐가 있던 예전이 오히려 더 인간적이지 않았나 생각한다.

일탈은 우리 삶에 새로운 에너지를 준다. 잠자던 영양소들이 다시 살아나는 걸 느끼게 된다. 세상의 가치관에 딱딱하게 길들여진 머리와 감성에 새로운 바람을 불어넣어 보자. 혼자 기차를 타고 춘천을 다녀와도 좋고, 아침 일찍 조조 영화를 봐도 좋다. 직장 상사 몰래 오디션 프로그램에 신청한다면 얼마나 짜릿할까. 자기 자신을 기분 나쁘게 흥분시키는 일에 빠져 있지 말자. 자기를 기분 좋게 자극하는 일들을 찾아보자.

어차피 인생이란 그렇게 흘러가는 법이다. 싸우면서, 빚 갚으면서, 로또를 사면서, 라면을 먹으면서, 맥주 한잔 들이키면서 살아가는 인생이다. 뻔하게 돌아가는 인생을 뻔하지 않은 경로로 바꿔 볼 필요가 있다. 외식을 매일 하며 흥청망청 살 수는 없지만 가끔 도시

외곽으로 나가 스무 가지 이상 반찬이 나오는 한정식을 먹어 보면 어떨까?

사실 청춘들은 그렇게 하기 힘들다. 청춘들이라면 도시락 여행을 해도 좋다. 내가 어렸던 시절에 유행처럼 떠났던 무전여행도 괜찮은 일탈이다. 가족들과 느닷없이 1박 2일 온천 여행을 다녀와도 좋다. 뭐든 뻔한 방식에서 벗어난 삶을 시도하는 것이 입맛 떨어진 인생을 다시 달달하게 만드는 방법이다.

탄수화물, 지방, 단백질은 5대 영양소 중에서도 가장 앞줄에 있는 3대 영양소다. 이 3대 영양소도 비타민과 무기질이 없다면 제대로 힘을 쓸 수가 없다.

비타민과 무기질은 3대 영양소를 우리 몸 구석구석으로 배달해 주는 택배 기사이다. 비타민과 무기질이 부족하면 탄수화물은 에너지로 쓰이지 못하고 축적되어 비만을 초래한다. 비타민 B군은 최종 산물인 포도당을 분해해 에너지를 만든다. 비타민 B군이 충분치 못하면 섭취한 음식이 에너지로 활용되지 못하고 지방으로 전환되어 축적되면서 비만이 유발된다. 다이어트를 원하는 사람들이 절대로 소홀히 하면 안 되는 영양소가 비타민이다.

나는 인생의 영양소를 다른 방식으로 풀이하기도 한다. 인생에 필요한 요소를 영양소로 비유하자면 긍정(탄수화물), 열정(단백질),

용기(지방)라는 3대 영양소에 웃음(비타민), 희망(무기질)이라는 보조 영양소가 있다. 이 5대 영양소가 조화롭게 자리를 잡아야 건강하고 행복한 인생을 살 수 있다. 마지막으로 사랑이라는 물결이 휘감아 돌면 정말 살 만한 인생이 완성되지 않을까.

멋있고 맛있는 인생 레시피　　　　　　　　　　　사랑하며 살자

20대에는 뜨거운 사랑을, 30대에는 부드러운 사랑을, 40대에는 넓은 사랑을, 50대 이상은 깊은 사랑을 하세요. 청춘의 플라토닉 러브에도 응원을 보내고, 노년의 로맨틱 러브에도 박수를 보내세요. 인간은 사랑으로 삽니다. 사랑의 시선으로 세상을 보면 단 하루도 행복하지 않은 날이 없습니다.

∞

남과 비교하여 자신을 비하하는 짓은
어리석은 행동이다.
다른 사람의 삶과 비교하지 말고
자신의 삶을 즐겨라.
- 니콜라 드 콩도르세

사람이 살아가면서

인간관계가 가장 힘든 것 같다.

너무 가까워도 불편하고,

너무 멀어도 힘들고 외롭다.

유명인도 아닌데 많은 사람과

관계를 맺기도 부담스럽다.

온라인으로 만나는 관계와

오프라인으로 만나는 관계 사이의 간극도 크다.

진심으로 다가가고 싶지만 정말 어렵다.

사람 때문에 상처받고 힘들면

한 번쯤 자신의 인간관계를 다이어트해 보자.

인간
관계를
다이어트
하라

인간관계에서는 무엇을 비워야 할까?

다른 사람이 자신에 대해 어떤 말을 할까
항상 귀 기울이는 사람은
결코 마음의 평안을 얻지 못한다.
– 톨스토이

나는 사람에 대한 욕심이 많은 편이다. 건강 관련 방송 프로그램을 하다 보면 그곳에서 만난 사람들도 다 좋아 보인다. 어느 때는 속마음을 그대로 드러낼 때도 많다. 나에 대해 잘 모를 텐데도 사람이 좋아 보이면 아무 계산 없이 솔직해진다. 그렇게 한두 명 쌓인 인간관계가 많다. 앞에서 다이어트 얘기를 했는데, 인간관계에서도 다이어트가 필요하진 않을까? 반면 사람으로 인한 아픔과 상처를 받을 때가 있어서 인간관계에도 다이어트가 필요하다고 생각하곤 한다.

스마트폰에도 많은 사람들이 모여 산다. 몇 년째 연락 한 번 안한 사람도 한구석을 차지하고 있다. 페이스북의 페친 숫자도 엄청나다. 나는 인간관계도 비움이 필요하다고 본다. 비워야 새로운 사람들이 찾아온다.

늘 좋은 친구만 두고 살 수는 없다. 친구가 영원히 곁에 있을 수도 없다. 헌것이 물러나면 새것이 오듯 인간관계도 병든 것이 없어지면 건강한 새것이 온다. 나를 배신한 어떤 친구가 곁을 떠나면 나를 바라보던 다른 친구가 온다. 그게 인간관계다. 마치 계곡물이 계속 흘러 내려와 썩은 물을 몰아내듯이 말이다.

인간관계에 관해서는 몸의 다이어트처럼 억지로 할 생각을 버렸다. 사람 관계란 시간이 지나니 그냥 알아서 흘러가더라. 내 마음만 비우면 된다. 사람에 대한 집착과 기대만 버리면 된다. 그러면 자연스럽게 잊힐 사람은 잊히기 마련이다.

굳이 직접 나서서 인간관계를 정리해야 할 때가 있다. 그래야 뭔가 고인 물을 흘려보내는 느낌이 든다. 그럴 때면 나는 대략 다음과 같은 사람들을 인연의 끈에서 놓아준다.

첫 번째는 나의 최선을 이용하는 사람이다. 그러다 보면 나는 지치고 더 이상 상대를 위한 노력을 할 수가 없다.

두 번째는 거짓말을 하는 사람이다. 자신을 보호해야 하는 불가피한 거짓말은 이해한다. 하지만 솔직 담백한 편인 나는 선의도 아닌 거짓말에 바보가 될 수밖에 없다.

세 번째는 나의 자존심을 뭉개는 사람이다. 자기 잘난 맛에 빠져 상대에게 상처를 주는 것도 모르고 가식적으로, 함부로 말을 한다. 이런 사람들과 가까이 있다 보면 내 마음의 상처도 커진다. 내가 덜 아프려면 헤어지는 편이 좋다.

네 번째는 약속을 어기는 사람이다. 어쩔 수 없이 약속을 어기는 경우도 있고, 내가 약속을 깨는 경우도 있다. 그럼에도 상습적으로 약속을 어기는 사람은 나를 피곤하게 한다.

사람은 서로에게 힘을 주기도 하지만 서로를 힘들게 하며 상처를 주기도 한다. 특히 내게 가까운 사람이 상처를 주는 경우가 많다. 사람에게 받은 상처는 쉽게 아물지 않는다. 쉽게 떨쳐 버리고 싶어도 잘 안 되는 때가 있다. 잊어버렸다고 생각해도 불쑥 튀어나와서 다시 우울하게 만들고 화나게 만든다. 인간관계가 힘든 이유일 것이다. 이것도 길게 보면 결국 새로운 인간관계가 치유해 준다. 사람에게 받은 상처는 사람이 치료해 준다. 그것이 인생 법칙이고 자연법칙이다.

나도 사람 욕심이 많지만 미운 사람도 생긴다. 그럴 때마다 미운 사람을 생각하기보다 나 자신을 생각한다. 마음속에 넘치는 욕심 때문에 그가 미워진 것이라고 생각한다. 그는 그냥 제자리에 있을 뿐인데 내 마음속에서 그를 들었다 놓았다 한다고 생각한다.

사람이 좋아지는 것도 내 탓이고, 사람이 미워지는 것도 내 탓이다. 결국 본인만 마음 고쳐먹으면 된다. 다른 사람의 마음을 고쳐먹게 하기가 얼마나 힘든가. 근데 자기 마음은 자기가 주인이니까 마음대로 할 수 있다. 우리는 자기 마음의 주인으로 살아야 한다. 그래야 주도적으로 행복할 수 있다.

에피쿠로스는 "행복에 이르는 길은 욕심을 채울 때가 아니라 비울 때 열린다"고 했다. 비워야 행복이 오는데 우리는 물질부터 시작해서 인간관계까지 자꾸 채우려고만 든다.

조선 시대 거상이었던 임상옥은 '계영배戒盈杯'라는 술잔을 주로 사용했다고 한다. 계영배는 '술이 일정한 한도에 차오르면 새어 나가게 만든 잔'으로, 과음을 경계하기 위해 고안되었다. 사용자에게 가득 채움을 경계하라는 메시지를 전한다. 일정한 한도까지 차오르면 자동으로 '비움'의 과정을 통해 다시 '채움'의 정수를 맛보게 하는 지혜의 산물이라고 하겠다. 거상 임상옥은 계영배를 늘 옆에 두고 과욕을 다스려서 큰 재산을 모았다고 한다.

경제적 부도 기부 등을 통해 일정하게 비워야 다시 채움이 일어난다. 세계 최고 부자 중 한 사람인 워런 버핏은 2006년 자기 재산의 약 85%에 달하는 370억 달러를 아무런 조건 없이 사회에 기부한 적이 있다. 나는 이게 계영배라고 본다. 많이 채워져 있으면 비워야 하는 것이 인생 아닐까? 많이 먹으면 몸을 비워야 하는 다이어트처럼.

물건도 그렇고 인간관계도 그렇다. 많다고 좋은 것이 아니다. 이런저런 사람을 알고 있다고 나에게 얼마나 좋을까? 인간관계도 과시욕의 수단이라면 비인간적이다. 절제되지 않은 인간관계가 나의 자유를 빼앗아 갈 수도 있음을 알아야 한다. 인생에서 정말로 중요한 것에 집중하기 위해서는 과잉되고 넘치는 것들을 비워야 한다.

멋있고 맛있는 인생 레시피 　　　　　　　사람도 비우세요

페이스북 친구도 가끔 정리하세요. 스마트폰의 전화번호도 정리하세요. 정리하다 보면 사람들 하나하나를 다시금 생각하게 돼요. 정리하면서 내가 너무 계산적이지 않은가 반성도 하게 되지요. 누군가를 지운다면 내게 필요하지 않아서 지운다는 생각을 하게 되니까요. 그래도 지우고 버리세요. 물질적으로나 정신적으로 자기에게 필요한 사람들만 모여 살게 하세요. 인간관계도 복잡하면 복이 들어올 틈이 안 생깁니다.

적을 만들지 않는 방법은 무엇일까?

친구는 있다가도 없고 없다가도 있지만
적은 계속 는다.
- 토마스 존스

    우리에게 적이 왜 생길까? 서로 상대방이 틀리다고 우기기 때문일 것이다. 상대를 감정까지 다치게 하며 비판하면 적이 된다. 그렇다고 살면서 한 번도 누군가를 비판하지 않고 넘어갈 수는 없다. 비판을 하더라도 감정을 다치지 않게 하는 요령이 중요하다. 중요한 열쇠는 아마도 배려일 것이다.

    일단 기본적으로 남을 배려하는 마음을 가지고 있지 않으면 거칠 것 없이 비판을 쏟아 낸다. 내가 어떤 말을 하면 그가 마음에 상처를 입겠구나 하는 생각을 한다면 적어도 감정싸움까지는 가지

135

않을 것이다.

나도 사람인지라 누가 비난하고 비판하면 감정이 솟구쳐 욱하곤 한다. 그때마다 나는 욱하는 감정을 다른 방으로 보낸다. 감정이 머무는 나만의 방에 가서 잠시 쉬게 한다. 그리고 상대에게 웃으면서 할 말을 한다. 마음을 다스리며 나를 비난하는 상대와 대화를 나누다 보면 스스로가 단단해지는 걸 느끼게 된다.

살면서 다양한 사람들을 만나다 보면 늘 좋은 일만 일어나지는 않는다. 황당하고 억울한 일들도 많이 생긴다. 그럴 때마다 나는 지금 억울하다고 이야기할 수도 없다. 얼마 전 오랫동안 믿고 함께하던 후배가 갑자기 다른 일을 찾아 떠나야 한다고 했던 적이 있다. '왜 그럴까' 하는 의구심과 '꼭 그래야 하나' 하는 아쉬움으로 마음에 큰 상처가 되었다. 서운함과 속상함으로 생긴 상처를 어떻게 보듬어 주어야 하는지 순간 막막했다. 그래도 상처에 오래 머무를 수는 없었다. 오래 머물수록 상대가 미워지기 때문이다.

나는 달리 생각하기로 했다. '그도 나처럼 살기 위해 애쓰는구나' 생각하면서 아쉬움과 미움의 상처가 아물 수 있도록 마음에 들어오는 감정을 조용히 바라보았다. 떠나는 그에게 잘될 것이라고, 잘할 것이라고 축복의 마음을 보내 주었다. 기대와 아쉬움을 붙잡으면 화만 생기지만 내려놓으면 가볍고 편하다.

휴먼네트워크연구소 양광모 소장이 제안하는 '인생에서 적을 만들지 않는 10가지 방법'이 있다. 한번 천천히 살펴보자.

첫 번째는 상대방의 입장, 감정을 이해하는 자세이다. 상대를 비판하기 전에 그 정도의 배려가 있어야 서로의 감정이 상하지 않는다.

두 번째, 비판하는 이유를 정확히 설명할 필요가 있다. 나쁜 감정이 있어서 비판하는 것이 아니라 서로 좋은 방향으로 고치기 위해 비판하는 것임을 밝힌다.

세 번째, 1:1로 비판하는 것이다. 비판을 공개적으로 하면 자존심이 상하게 된다. 커뮤니케이션 전략에서도 칭찬은 여러 사람 앞에서, 비난은 아무도 없는 곳에서 개인적으로 하라는 말이 있다.

네 번째, 관련된 이야기만 비판한다. 다른 지엽적인 이야기까지 꺼내면 비판이 아닌 싸움으로 번진다.

다섯 번째, 객관적이어야 한다. 주관적인 마음이 들어가면 안 된다.

여섯 번째, 구체적으로 비판하고 제대로 알아듣게 한다.

일곱 번째, 대안을 제시한다. 상대에게 이렇게 하면 어떨까 하고 조언해 준다.

여덟 번째, 생각을 비판하되 사람에 대해 비판하면 안 된다. 사람의 인성까지 건드리지 말자.

아홉 번째, 샌드위치 화법을 쓴다. 칭찬－비판－칭찬의 순서가 좋다.

열 번째, 누군가를 비판하고 싶은데 마음이 아프지 않다면 입을 닫는 편이 좋다.

위 10가지가 너무 많다면 적을 만들지 않는 딱 세 가지 대화법만 기억하면 된다. 3L 원칙이라고도 하는데, 관찰하고Look, 칭찬하고Lift, 기대는Lean 대화법이다.

살다 보면 막무가내인 사람이 있다. 무슨 말을 해도 말이 안 통하는 사람이다. 이런 사람을 감정적으로 대하면 안 된다. 일단 지켜보고 최대한 말을 자제하며 나중을 기약하는 방법이 좋다. 그 순간 내가 올바로 대응을 못 했다고 속상해할 필요가 없다. 감정을 쏟은 사람이 더 창피하고 작아지는 법이다.

프랑스 철학자 라 로슈푸코는 "적을 만들고 싶다면 친구를 이기고, 우정을 쌓고 싶다면 친구가 이기도록 하라"고 했다. 내 주장을 관철시키려면 상대방에게 충분히 말할 시간을 주어야 한다. 상대의 말에 반박하고 싶더라도 일단은 참자. 상대방이 말을 채 끝내기도 전에 자기주장을 하고 싶어져도 말을 끊지 말자. 그래야 감정이 다치지 않는다. 내 감정이 소중한 만큼 상대방의 감정도 소중하다. 상대가 자기 자랑을 많이 하게 해서 대화를 나에게 유리하도록 이끌어 가자.

말을 많이 하는 사람보다 듣는 사람이 강한 법이다. 말은 에너지를 소모하지만 듣는 건 에너지를 저축한다. 듣고 기다리며 관찰하자. 자신의 감정도 관찰하여 제 마음대로 뛰놀지 못하게 하자. 감정을 통제하기란 말처럼 쉽지는 않다. 사람은 감정의 동물이라서 어쩔 수 없다. 동시에 사람은 이성의 동물이기도 하다. 감정을 이성적으로 통제해야 자아가 강해진다.

우리는 화가 나면 상대를 무차별적으로 공격한다. 일단 솟구친 감정은 쉽게 가라앉지 않는 법이다. 욕까지 하며 쏟아부은 상태가 속 시원한 상태일까? 결코 그렇지 않다. 만일 당신이 욕을 하고 감정적으로 상대에게 상처를 준다면 당신 생각대로 움직여 줄까? 결코 그렇지 않다. 격한 감정에는 부드럽게 맞서는 방법이 좋다. 다만 어느 정도의 연습과 단련이 필요하다.

소크라테스는 결코 상대의 잘못을 지적하지 않았다. 소크라테스는 상대방이 예스라는 말을 할 때까지 질문을 했다. 긍정을 유도하는 질문을 하면 처음에 부정적인 사람도 대답하면서 조금씩 바뀌는 법이다.

사람은 누구나 잘못이나 실수를 할 수 있다. 잘못과 실수를 일방적으로 공격하지 말자. 자존심에 상처를 주면서까지 공격하지 말자. 당신의 공격이 적을 만든다. 오히려 그의 잘못을 감싸 주면 당신 편이 될 것이다. 부디 당신 주변에 좋은 친구, 좋은 기운들이 많이 모여들기를 진정 기원한다.

멋있고 맛있는 인생 레시피   나누며 살자

자기가 원하는 것이 있다면 다른 사람이 원하는 바를 들어줘야 합니다. 세상
으로부터 본 덕을 다시 나누십시오. 사랑의 마음으로 나누십시오. 사람은 복
을 지어야 덕을 봅니다. 나누면 자기 자신과 이웃과 세상이 행복해집니다.

고슴도치처럼 사랑하고, 난로처럼 다가가자

사람이 갑자기 가까워지면 문제가 종종 생긴다. 예의가 없어진다고 할까? 만난 지 얼마 지나지 않았어도 반말을 하면 오히려 친근해지는 사람이 있다. 형이나 누나라는 호칭은 따스함을 느끼며 서로에게 친근감을 표시하는 좋은 단어이다. 그러나 잘못 사용하면 조심성과 배려심이 없어 보이고 예상하지 못했던 본성이 드러나기도 해서 조심해야 한다.

나는 아무에게나 마음을 쉽게 열기가 가끔 겁이 난다. 마음을 열었다가 내가 상처를 받을 수도 있고, 상대에게 상처를 줄 수도 있기 때문이다. 사람을 어떻게 대해야 나도 행복하고 상대도 행복할까?

쇼펜하우어는 '고슴도치 딜레마'를 이야기한 적이 있다. 현대인들의 대인 관계를 쉽게 설명해 주는 말이다. 고슴도치들이 겨울을 나는 동안 너무 가까워지면 서로 가시에 찔리고 너무 멀어지면 얼어 죽는 상황을 빗댄 말이다. 사람들이 너무 가깝게 지낼 경우 오히려 상처를 많이 받을 수 있다는 내용이다.

어떤 사람은 비슷한 의미로 난로 사랑을 말한다. 난로는 너무 가깝게 다가가면 뜨거워서 덴다. 그렇다고 너무 멀리 떨어져 있으면 온기를 느낄 수 없다. 그래서 적당한 거리가 필요하다. 사람 사이도 그렇다. 보호받아야 할 개인적이고 소중한 영역까지 남들이 헤집고 다녀서는 안 된다.

아무리 거리가 없는 친한 사이라도 지켜야 할 선이 있다. 선을 넘으면 관계에 금이 간다. 선을 넘으면 상대의 마음에 상처를 준다. 갑자기 가까워지는 사람도 조심해야 하지만 오랫동안 가깝게 지낸 사람들도 경계해야 할 때가 있다.

사람이 항상 경계만 하면서 살면 스트레스를 받지 않겠는가. 사람을 못 믿으면 자기만의 동굴 속에 갇혀 버리고 만다. 사람은 사회적 동물이어서 혼자 살 수 없다. 같이 어울리며 더불어 살되 서로에게 상처를 주지 않는 적당한 거리가 필요하다.

어쩔 수 없이 마음을 여는 순간 상처를 받는다면 시간의 연고를 발라야 한다. 상처가 다시 아물면서 적당한 거리감을 유지하며 사는 것이 인생이다. 자기에게 상처를 준 사람에게는 거리를 둘 수밖에 없지만, 그렇다고 마음이 아프기 싫어서 너무 멀리한다면 좋은 사람을 놓치거나 삶에서 움츠러들기 마련이다. 우리는 현명하게 사람을 사랑하고 믿음을 단단히 해야 한다. 잔뜩 사랑하고도 아픔을 겪는다면 그 또한 배우는 인생이라 생각하면 된다.

남보다 가족에게 더 가시를 세우는 사람도 있다. 속된 말로 너무 만만하니까 말도 가려 하지 않고 막말을 한다. 말이란 한번 뱉으면 주워 담을 수 없는데 상대의 감정을 생각하지 않고 막 뱉는다. 친구에게도 마찬가지다. 편한 사이라고 매너 없이 대하는 사람도 많다. 나는 편한 사이일수록 더 조심해야 한다고 본다.

고슴도치의 가시가 아무리 날카로워도 새끼에게 젖을 먹일 때는 아무런 문제가 없다. 앞가슴 쪽에는 가시가 없어서 새끼에게 젖을 먹여도 방해가 되지 않는다. 사람도 가슴에는 가시가 없다. 옆구리나 등이 아닌 앞가슴으로 사람을 상대하고 받아들이면 얼마든지 따뜻한 사랑을 주고받을 수 있다. 나를 괴롭히고 상처를 준 사람에게는 옆으로 돌아서고 등을 지면 된다. 욕을 할 필요도 없다. 그냥 돌아서면 된다.

더불어 살려면 계속 다른 사람을 등지고 살 수는 없다. 가슴을 열어야 한다. 내가 보기에 세상에는 나쁜 사람보다 좋은 사람이 더 많다. 나는 그렇게 믿고 산다. 내가 가슴을 열면 상처를 주는 사람보다 위로가 되는 사람이 더 많다고 믿는다. 돈은 낭비하면 안 되지만 사람들을 대하는 따뜻한 마음은 낭비해도 좋다. 그 마음이 서로 소통해야 세상이 따뜻해진다.

우리 모두는 연애를 하는 동안 좋은 면만 본다. 결혼하고 살 부대끼며 살다 보면 볼 거 못 볼 거 다 보면서 산다. 연애할 때 보이지 않던 단점도 많이 보인다. 채 6개월도 안 되어서 '나 이 사람하고 괜히 결혼했나?' 하는 의문이 들기도 한다. 결혼을 무르고 싶어진다.

요즘 젊은이들은 참을성이 없어서 순간을 못 참고 헤어지기도 한다. 결혼도 순식간, 이혼도 순식간이다. 잘못되어도 엄청 잘못된 세태다. 신혼 시절의 부부 싸움은 성숙된 부부로 가는 숙련 과정이다. 필수 코스라 할 수 있다. 이 코스를 거치기 싫다고 뛰쳐나가면 어른이 될 자격이 없다.

가시와 가시가 부딪힌다. 1년, 2년 자꾸 부딪힌다. 그러면 어떻게 해야 안 아픈지 깨닫는다. 그런 과정이 부부 싸움이다. 뾰족한 돌도 물과 부딪히고 시간과 부딪히며 동글동글해지는 법이다.

다시 고슴도치 딜레마로 돌아가 보자. 사람이 어떻게 좋아하는 사람하고만 살겠는가. 자기하고 안 맞는 사람과도 살아야 한다. 사람과 사람이 어울려 살다 보면 충돌은 당연하다. 다만 충돌하는 순간 충격을 최소화하려면 상대가 틀렸다고 하기보다는 다르다고 생각하는 마음이 필요하다.

틀리다는 생각은 나만 옳다는 오만이다. 다르다는 생각은 이해이고 포용이다. 이해하고 포용할 수 있어야 더불어 잘 산다. 이해하고 포용하면 따뜻한 마음으로 소통한다. 상대와 다투면서 자기 생각을 너무 강요하지 말자.

'행복의 90%는 인간관계에 달려 있다'고 철학자 키르케고르가 말했다. 나는 이 인간관계 명언을 굉장히 좋아하고 공감한다. 우리가 느끼는 행복 중에서 90%는 주변 사람들에게 달려 있다고 할 수 있다. 조금씩 이해하고 어울리며 살아야 행복을 느낀다. 함께 웃고 떠들면서 살아야 행복한 것 아니겠는가.

멋있고 맛있는 인생 레시피 　　　　　　　　　　거리를 두고 사귀자

나는 거리를 두고 사귀고 싶지는 않다. 누군가에게 상처를 받는다고 하여도 그냥 솔직하게 만나고 싶다. 그러면 대부분 이렇게 이야기한다.

"누군가를 사귀면서 너무 빠르게 다가가지 말고, 반대로 너무 빠르게 다가오는 사람도 조심하십시오. 빨리 달아오르면 빨리 식는 법입니다. 빨리 다가오는 사람은 무언가 계산이 있을지 모릅니다. 착한 마음으로 이용당하지 마십시오."

누군가를 처음 사귈 때는 고슴도치나 난로처럼 적정 거리를 유지하는 것이 맞겠지요.

함께 사는 사람, 혼자 사는 사람

고독은 비 같은 것이다
밤사이에 식물을 자라게 하는 그런 것이다.
- 구본형(작가)

시대가 바뀌고 있다. 그것도 엄청난 속도로 바뀌고 있다. 속도를 따라가다 보면 정신줄을 놓을 때가 있다. 내 걸음으로 가는지, 남의 걸음으로 가는지 헷갈린다. 생각을 하면서 행동하는지, 행동을 하면서 생각하는지도 구분이 안 된다. 주변을 돌아볼 여유도 없고 자연 풍경을 느긋하게 바라볼 시간도 갖지 못한다. 빨리빨리가 미덕인 세상에서 느림은 여유가 아니라 뒤처짐이 되어 버린 것이다.

순위가 중요한 경쟁 시대를 살다 보니 인생을 즐길 줄 모른다. 하느님은 우리의 이런 모습을 바라지 않으실 텐데, 인간이 스스로 만든 굴레에 빠져 헤어 나오지 못하는 것만 같다. 그나마 나은 사람들이 예술을 하는 작가들이지 싶다.

남들보다 감수성을 많이 가진 사람들은 삶을 대하는 태도부터가 다르다. 같은 풍경, 같은 사물을 봐도 관찰력이 다르고 보는 시야가 다르다. 단순한 공간을 보지 않고 공간 속에서 시간의 흐름까지 읽어 낸다. 주마간산과 속독법으로는 시간과 공간의 흐름을 읽어 내지 못한다. 시간과 공간의 주인이 되려면 느긋해야 하고 깊이 있게 관찰해야 한다.

우리는 느긋함을 잃었기에 시간의 노예가 되고 공간에 끌려다니며 살고 있다. 가만히 잔디밭에 누워 흘러가는 구름을 본 적이 있는가. 예전에는 그런 낭만이라도 있었는데 요즘은 구름이 다 인터넷 속으로 기어 들어가 있다.

세상이 속도전이다 보니 사람들의 성격도 급해졌다. 거친 산업화의 파도를 건너오다 욱하는 성질도 많아졌다. 우리나라 사람의 성격이 원래 그렇다고는 하지만 옛날보다 더욱 거칠어진 것 같다. 조그만 일에도 참지 못한다. 내 차 앞으로 끼어들기 했다고 각목 들고 튀어나오는 세상이다. 기다림의 미학이 사라졌기 때문이다. 남을 생각하는 여유가 메말랐기 때문이다.

식품영양학자 입장에서 이와 같은 성격이 왜 생겨났을까 고민한 적도 있다. 먹는 음식 탓인가 골똘히 생각했다. 짜고 매운 음식을 먹어서 생겼나 의심을 해봤다. 그것도 하나의 이유일 수는 있다. 느리게 정성을 들인 음식보다 빠르게 만든 패스트푸드 탓도 있을 것이다. 그러나 무엇보다 한국인들이 급한 성격을 갖게 된 가장 큰 이유는 물질주의이다. 물질이 최우선 순위이고 물질을 차지하기 위한 경쟁에 목숨까지 거는 시대적 상황 때문이다.

내가 대학 다닐 때는 서로 노트를 빌려주며 공부했다. 요즘은 그런 배려도 사라졌다. 사람은 더불어 같이 살아야 하지만 이제는 혼자가 대세다. 혼술(혼자 마시는 술), 혼밥(혼자 먹는 밥), 혼여(혼자 떠나는 여행), 혼영(혼자 보는 영화) 등 지금 대한민국은 솔로 천국이다. 혼자 노는 문화가 대세가 되어 가고 있다. 혼자 먹고 여행하고 노는 것이 전혀 어색하지 않을 뿐 아니라, 오히려 사회와 경제를 관통하는 하나의 트렌드로 자리 잡은 것이다. 실업과 어려운 경제 사정 탓에 의도적으로 사람들과 어울리기를 꺼리는 성향도 1인 소비 붐을 뒷받침한다.

예전에는 밥을 혼자 먹는 건 상상도 못 했다. 지금도 나는 식당에 가서 혼자 밥을 못 먹는다. 이제는 혼자 먹는 밥이 전혀 어색하지 않은 시대가 되었다. 농림축산식품부가 2016년 말 발표한 〈2016년 외식 소비 행태 분석〉 보고서에 따르면, 설문 대상자 3천여 명 가운데 절반이 훌쩍 넘는 56.6%가 '혼자 외식(혼밥)한 경험이 있다'고 답

했다. 앞으로는 밥 한번 같이 먹자는 말도 사라질지 모른다.

바뀐 시대 분위기에는 전혀 정이 느껴지지 않는 삭막함만 남아 있다. 이렇게 사는 삶이 행복할까. 혼자만 즐거우면 행복할까. 고민이 점점 많아지는 시대에 살고 있는 우리다.

속도전과 혼자. 느긋함은 사라지고 시간의 노예가 되어 가는 세상. 더불어는 사라지고 점점 혼자만의 섬에 갇힌 세상. 우리는 왜 이리 삭막해졌을까. 시대가 변하니 사람도 자연스럽게 변한다. 물질이 세상의 중심이 되다 보니 정신이 방황한다.

같이 있어도 같이 있지 못하고 혼자여도 혼자가 아니다. 같이 있으면 혼자일 때를 그리워하고, 혼자 있으면 같이 있을 때를 그리워한다. 같이와 혼자 둘 다 즐기지 못하고 있다. 세상을 온전하게 살아가려면 두 바퀴가 모두 필요하다고 본다. 같이 살기와 혼자 살기.

사람들 속에서 살면서도 혼자만의 고독이 필요하고, 혼자 있으면 함께 웃을 사람이 그리운 법이다. 둘이 적절하게 조화를 이루어야 행복하고 건강한 삶을 산다. 혼자 있으며 만나는 절대 고독은 오롯이 자신을 만나는 아주 소중한 순간이다. 같이 있으며 만나는 즐거운 공감은 동질감을 확인하는 행복이다.

사람은 누구나 외롭고 누구나 섬이다. 그러나 물질이 주인이 되는 섬은 너무 갑갑하다. 시대가 변한다고 해도 물질이 주인 되는 시대는 사람다움을 잃는 시대이다. 같이 되었든 혼자 되었든 정신이 주인 자리를 다시 찾아야 한다. 노을을 바라보며 노래를 부르고, 시 한 구절에 사색에 잠기고, 철학책 한 구절을 다이어리에 적어 놓고, 차 안에 앉아 클래식 선율에 푹 빠져드는 멋과 여유가 삶의 주인이 되었으면 좋겠다.

멋있고 맛있는 인생 레시피   여유 있게 살자

급할수록 돌아가야 합니다. 인생을 음미할 줄 아는 사람이 멋있습니다. 멋진 풍경을 보면 잠시 차를 세우고 풍경에 젖어 드십시오. 가끔은 안 다니던 길로 도 다니고, 가끔은 자동차를 집에 두고 걸어서 출근하십시오. 도시에만 갇혀 있는 사람이라면 일주일에 하루는 흙을 밟고 대자연의 여유를 만끽하십시오.

우리 마음속에는
많은 쓰레기들이 쌓여 있다.
욕심, 질투, 시기, 원망…….
쓰레기 같은 마음 때문에 하루가 평화롭지 않다.
버릴 건 버려야 새것이 들어온다.
음악을 듣든, 책을 읽든,
요리를 해서 생각을 전환하든,
자기 내면의 평화를 위해
마음을 괴롭히는 쓰레기를 비워야 한다.

마음을
비우고
평화를
채워라

생각의 쓰레기를 버리자

마음은 밭이다.
어떤 씨앗에 물을 주어 꽃을 피울지는
자신의 의지에 달려 있다.
- 틱낫한

우리는 살면서 상상으로 많은 일들을 지어낸다. 상상을 실제처럼 포장하는 경우도 비일비재하다. 우리의 평온한 일상은 상상들로 피폐해지곤 한다. 쓸데없는 쓰레기 같은 생각들 때문이다. 우리 머릿속은 다양한 생각과 걱정들로 꽉 차 있어 마음의 평화를 방해한다. 일어나지 않을 일들에 대한 걱정은 또 얼마나 많이 하는지. 나는 다이어트에 신경을 많이 쓰는 편이지만 정말 다이어트를 해야 할 대상은 머릿속이 아닌가 싶다.

걱정도 팔자라고 한다. 하늘이 무너질까 걱정하는 사람도 많다. 특히 나 같은 여자들은 많이 그런다. 별별 걱정을 다 하는데, 심지어는 소설가보다 기가 막힌 상상을 동원해서 남의 일을 예측하기도 한다. 하지 않아도 되는 생각을 하면 에너지 소모도 크다. 책상 속의 서랍을 정리하듯 생각도 정리하고 버려 줘야 한다.

나도 당연히 생각의 쓰레기에 갇혀 살 때가 있다. 특히 휴대폰에 노예처럼 끌려다니며 산다. 외출하면서 집에 휴대폰을 깜빡하고 놓고 오면 안절부절못한다. 이른바 휴대폰의 노예가 되어 가는 증상이다. 사람도 일주일에 하루는 쉬듯이 휴대폰도 하루는 쉬게 하면 어떨까. 나는 휴대폰 없이도 그런대로 살 수 있을 것 같다. 내 스타일을 봐서는 심하게 기계에 종속되지는 않아 보인다. 아쉽지 않다는 얘기다.

휴대폰은 그렇다 쳐도 머릿속의 생각은 쉽게 버리지 못한다. 더구나 좋은 생각보다 부정적인 생각은 찰거머리 같다는 생각이 든다. 생각을 정리하려면 어떻게 해야 할까?

생각은 통제가 잘 안 된다. 이 생각이 저 생각을 물고 오고, 한번 안 좋은 생각을 하면 계속 자란다. 그럴 때 기도나 명상을 하면 좋다. 잠시 멍 때리는 순간을 가져도 좋다. 멍 때린다고 나쁜 것만은 아니다. 멍 때리는 순간에도 생각은 놀지 않는다.

우리는 항상 무언가를 더욱 잘해야 한다는 압박을 갖는다. 오히려 아무것도 안 하는 순간이 불안하다. 이런저런 생각과 걱정으로 자신을 힘들게 한다. 우리의 뇌는 휴식이 필요한데 도대체 쉴 수 있는 시간을 주지 않는 것이다.

쓰레기가 쌓이면 좋은 것들이 들어올 자리는 점점 좁아진다. 단순할수록 좋다. 미니멀리즘은 앞으로 유행이 될 것이다. 집 안에도 쓰레기가 가득하면 복이 안 들어온다. 2년 동안 한 번도 안 입은 옷은 나중에도 입을 가능성이 전혀 없다. 유행은 다시 되돌아온다고 미련을 가질 필요도 없다.

작가 알란 코헨은 "신을 찾고 싶다면 생각 사이의 공간에서 많은 시간을 보내라"고 했다. 인도의 성자 라마나 마하리쉬는 '명상이란 마음에게 브레이크를 밟는 것'이라고도 했다. 마음이 번잡한 현대인들은 생각의 쓰레기를 버릴 명상의 시간을 많이 가져야 한다.

생각을 버리는 방법 중에는 걷기가 정말 효과가 좋다. 잡생각이 날 때마다 공원을 한 바퀴 걷다 보면 몸과 마음이 가벼워진다. 걷기는 인간의 가장 원초적인 행위다. 오후 3시 30분, 칸트는 마을 사람들이 시간을 정확히 기억할 정도로 매일매일 정해진 시간에 산책을 즐겼다고 한다. 칸트는 산책을 하면서 머릿속의 잡동사니를 하나씩 버렸을 것이다. 혼자 침묵하고 걷는 순간이 생각의 정화 효과를 가져다주었으리라.

　걷기는 좋은 습관이다. 현대인들은 차를 타고 움직이다 보니 잘 안 걷는다. 그저 밥 먹으러 코앞에 있는 식당에 갈 때나 걷는 정도다. 적어도 하루 30분 이상은 걷는 것이 좋다. 칸트가 괜히 걸었겠는가. 걷기 명상으로 틱낫한 스님도 유명하다. 그분은 느릿느릿 걷는다. 걸음걸이도 보폭도 일정하다. 틱낫한 스님이 걷는 모습을 보면 걷기도 연습이 필요하구나 생각하게 된다.

　걸으면 좋다. 잡생각도 달아난다. 기왕 걷는다면 느릿느릿 시간과 공간을 음미하며 생각의 쓰레기도 버려 보자.

맛있고 맛있는 인생 레시피　　　　　　　명상을 하자

아무리 시간의 추격전에 전투를 하듯 살아도 최소한 하루에 10분 정도는 자기를 돌아보는 시간이 필요합니다. 10분 동안 기도를 하든 명상을 하든 오로지 느긋하게 머물며 자기 자신을 바라보는 시간이 필요합니다. 명상은 자기 호흡을 느끼고, 자기 존재를 느끼고, 자기 생명을 느끼는 아주 소중한 행위입니다. 내가 왜 태어났는가 하는 근원적인 질문과 답은 명상 속에 있습니다.

욕을 하면 내가 가장 피해를 입는다

할 말이 없으면 사람들은
욕을 한다.
- 볼테르

아이를 키우는 엄마들 이야기를 들으면 초등학교 자녀들이 어디
서 배웠는지 욕을 한단다. 가만히 아이에게 욕을 하는 이유를 들어
보면 자기 반에 욕 안 하는 아이가 없다고 한다. 자기만 순둥이처럼
대접받을까 봐 욕을 한다고 한다. 아이들이 어떤 욕을 하는가 물으
면 경악을 금치 못할 정도란다.

모두 어른들이 가르쳐 준 욕들이다. 세상이 왜 이렇게 되었을까?
스트레스 쌓이는 인생에 욕이라도 해야 속이 풀릴까? 욕도 긍정적
인 면과 부정적인 면이 따로 있는 것인가?

옛날 경상도 어머니들은 힘든 일을 한 자식에게 "욕봤다"란 말을 했다. 욕봤다란 고생을 했다는 말이다. 심신이 고생했다는 의미다. 요즘은 말이 고생하고 있다. 아이들 사이에서 좋은 말, 바른 말을 쓰면 범생이라며 무시당하고 제대로 어울리지 못한다.

욕을 왜 하냐고 물으니 스트레스를 풀기 위해서, 또는 남들에게 얕잡아 보이지 않기 위해서라고 답한다. 결국 스트레스와 멸시에서 자기를 보호하기 위해 욕을 하는 것이다. 그렇게 자기 방어만으로 끝나면 다행인데, 욕이라는 것이 한번 하면 뭔가 통쾌한 맛이 들면서 습관이 된다. 내 입에서 나온 욕이 남에게 어떤 상처를 줄지 전혀 생각 안 한다.

사람의 입에서 나오는 말의 힘은 엄청나다. 식물에게도 며칠 동안 욕을 해대면 시들어 죽는다. 욕은 그냥 언어로 끝나지 않는다. 욕을 하면 상대를 아프게 하는 부정적인 에너지까지 나온다. 이게 더 큰 문제다.

볼테르는 사람들이 할 말이 없으면 욕을 한다고 했다. 욕을 남발하는 사람을 보면 좀 무식해 보인다. 남자들의 경우에는 갑자기 사람이 달라져서 욕을 자제하지 못하기도 한다. 특히 남자들이 돌변하는 순간은 예비군복을 입었을 때와 운전할 때가 아닌가 한다. 평소에는 모범생인 사람이 운전을 하다가 누가 앞으로 끼어들면 거침없이 욕을 한다. 나는 그런 모습을 보고 깜짝 놀랐다. 정작 그의 반응이 더욱 놀라웠다. 우리나라에서는 그렇게 운전을 해야 한다는 주장이다. 당연하게 생각하는 것이다.

이웃 간의 분쟁이 최근 심하다. 아파트 생활을 하다 보면 층간 소음 문제를 안 겪은 사람이 없을 정도다. 두 집이 다투다 보면 정말 듣기 힘든 욕이 넘쳐 난다. 욕을 서로 듣다 보면 더더욱 광분하지 않을까 싶다. 분노 조절 장애도 욕이 자기 감정을 통제하지 못해서 비롯되었을 것이다. 욕에 대해 우리는 어떻게 대처해야 할까?

나도 그런 적 있다. 자동차를 타고 가다가 화가 나는 경우이다. 나는 법을 잘 지키며 운전하고 있는데 상대가 법을 안 지키면 화가 난다. 그러면 순간적으로 욕이 튀어나온다. 그러다 어느 날 어떤 생각을 했다. 차 안에서 창문을 닫아 놓고 욕을 해봤자 상대방 운전자는 듣지 못한다. 결국 듣는 사람은 자신이다.

욕을 하면 상대보다 자기가 먼저 가장 크게 듣는다. 결국 기분 상하는 사람은 상대가 아니라 자신이다. 그래서 깨달았다. 욕을 하면 자기가 손해라는 사실을. 욕을 줄여야 마음의 평화가 생기겠구나 생각했다. 요즘은 웬만하면 욕을 하지 않는다. 내가 손해 보지 않으려고.

얼마 전 EBS에서 욕에 대한 실험을 했다. 총 12개의 단어를 제시해서 기억나는 단어를 말하라고 했다. 긍정 단어, 부정 단어, 금기어, 중립어 등을 제시했고 중간에 욕이 나왔다. 실험자들은 욕을 듣는 순간 다른 단어를 모두 잊어버렸다. 그만큼 욕의 효과는 엄청났다.

욕은 분노, 공포를 느끼게 하는 감정의 뇌를 자극하여 이성의 활동을 막는다. 욕을 하는 사람의 침을 모아 또 하나의 실험을 했다. 침의 색깔이 평상적인 언어를 할 때는 무색이고, 사랑한다는 말을 할 때는 분홍색이었다. 욕을 할 때는 갈색의 침전물이 생긴다. 침전물을 쥐에게 주사했더니 곧바로 죽었다. 욕은 그 정도로 무섭다. 그걸 아이들이 함부로 쓴다. 그만큼 위험에 아이들이 노출되어 있다는 의미다.

말뿐만 아니라 글로 하는 욕도 아주 안 좋은 영향을 준다. SNS가 활성화되면서 댓글의 피해가 너무 심하다. 분노의 감정을 말뿐만 아니라 글로도 쉽게 내뱉는다. 말과 글 중 무엇이 더 나쁠까? 둘 다 나쁘다. 말은 말대로, 글은 글대로 나쁘다. 말은 뇌 속에서 잔상으로 남아 갖가지 상상을 하게 만든다. 글은 뇌에 각인을 시킨다.

욕은 말로 하든 글로 하든 폭력이라는 점을 알아야 한다. 연예인들은 공인이라 댓글에 의한 피해도 공개가 된다. 댓글의 피해가 큰 건 인신공격이 들어 있기 때문이다. 어떤 댓글은 감정을 싣는다. 글에서 감정이 느껴진다. 그냥 말로 하는 욕보다 백배 천배 강한 악영향을 준다. 그런 글을 서슴없이 쓴다는 사실이 놀라울 따름이다.

나는 오늘날의 세태를 보며 아이들에게 국어, 영어, 수학을 가르칠 게 아니라 언어 예절을 가르쳐야 한다고 생각한다.《명심보감》을 다시 가르쳐야 한다는 고루한 생각도 든다. 상대를 배려하는 예의는 완전히 사라졌다. 그러니 욕을 막 하고, 말을 막 하고, 댓글을 막 쓴다.

러시아의 대문호 톨스토이가 분노에 관한 말을 했다.

"조금 화가 나면 말이나 행동을 하기 전에 열을 세라. 몹시 화가 나면 백을 세라. 화가 날 때마다 이 사실을 상기하면 숫자를 셀 필요조차 없어진다."

이분도 화날 경우가 많았나 보다. 그러니 저런 깨달음을 얻었겠지. 프랑스의 작가 몽테뉴도 조언을 남겼다.

"다른 무기는 사람이 사용하지만 분노라는 무기는 반대로 우리를 사용한다."

되도록 욕하지 말고 살자. 욕하면 내가 욕본다.

진정으로 용서하라

사람은 목표를 정해야 일을 잘합니다. 우리나라 사람은 더욱 그렇습니다. 용서하는 것도 목표를 정하십시오. 우리는 상대방이 나에게 잘못을 말하고 용서를 구하면 응해 주는 것을 용서라고 생각합니다. 진정한 용서는 잘못한 사람이 나를 찾기 전에 먼저 너그러이 이해하고 마음으로 받아들이는 것입니다. 용서가 축적될수록 당신의 복도 적립됩니다.

미움을 포기해야 인생이 평온하다

그를 미워하지 않는 것이
내 마음에 상처를 남기지 않는
가장 좋은 복수입니다.
- 혜민 스님

욕만큼이나 자신의 내면에 안 좋은 것이 미움이라는 감정이다. 미움의 감정은 분노를 만든다. 헤르만 헤세는 미움이 모두 자기 속에 있다면서 이런 말을 했다.

"우리가 사람을 미워하는 경우는 단지 그의 모습을 빌려서 자신 속에 있는 무엇인가를 미워하는 것이다. 자신 속에 없는 것은 절대로 자기를 흥분시키지 않는다."

상대가 미운 것이 아니라 자기 속에 있는 무언가가 미운 것이라는 뜻이다. 사실 미움의 감정이 사그라졌다가도 어느 순간 다시 튀어나온다. 세상은 용서를 하라고 가르치지만 쉽지만은 않다. 그나마 상대를 용서하라는 말보다 자신의 미움과 분노를 내려놓고 그런 자신을 용서하라는 말이 더 위안이 된다.

용서를 하고 그다음을 바라면 용서가 아니다. 거래고 타협이다. 용서는 솔직히 고차원적이다. 평범한 사람은 쉽게 할 수 없다. 단련이 되고 연습이 되어야 용서가 가능하다. 사람을 미워하는 감정은 다양하다. 자기에게 모질게 대한 사람을 어떻게 용서하는가. 자기 자존심을 깔아뭉갠 사람을 어떻게 쉽게 용서할 수 있는가. 나의 소중한 무엇을 다치게 한 사람을 단박에 아무 조건 없이 용서하기란 도인이나 가능한 경지다.

나는 좀 인간적으로 용서에 이르려고 한다. 사람이 싫고 미울 때가 있다. 감정을 그대로 인정한다. 그 사람으로 인해 치솟아 오르는 분노도 인정한다. 대신 미움과 분노가 일상의 평화를 해친다는 생각을 더 많이 한다. 계곡물에 미움과 분노가 떠내려온다. 그걸 보면서 '아, 그때 그놈!'하면서 더러운 미움과 분노를 손으로 건진다.

대부분의 사람이 그렇게 똥 덩어리 같은 감정을 건져 낸다. 건져 낸 감정을 쪼물거리며 자기 일상에 더러운 악취를 풍기게 만든다. 나는 이런 그림을 생각한다. 그러면 용서라는 말보다 내려놓고 흘려보내는 것이 편해진다. 나의 일상을 더럽히는 감정을 자연스럽게 흘려보내자.

'서恕'에는 두 가지가 있다. 하나는 스스로를 용서하고 가다듬는 '추서推恕'다. 또 하나는 남에게 관대한 '용서容恕'다. 스스로를 용서하려면 자신의 잘못을 알아야 한다. 뭘 잘못했는지 알아야 용서할 것 아닌가. 자기 잘못에 대한 진솔한 반성을 한 다음에 마음을 가다듬는 것이 추서다.

가톨릭교도라면 고해 성사를 하고 나서 추서를 하면 된다. 용서는 영적인 용어다. 영적으로 용서하면 자신의 영혼이 맑아진다. 진정한 용서는 행복하고 편안하고 자유로움을 가져다준다. 용서를 하면서 억울하다고 생각하면 용서가 아니다. 미워하고 증오하는 감정은 상대를 고통스럽게 하기보다 자신을 고통스럽게 한다. 인간적으로 도저히 용서가 힘들다면 계곡물에 그냥 흘러가게 잊어버리고 내려놓으면 된다. 자신을 편안하게 하기 위해 미움과 증오를 버리는 방식이다.

추서와 용서는 둘 다 연습이 필요하다. 뭐든지 연습하면 쉬워진다. 막상 하려면 결코 쉽지 않다. 그렇다고 정말 어려운 것도 아니다. 용서도 버릇이 되면 충분히 가능하다.

미움과 분노와 증오는 쏜 사람에게 반드시 되돌아와 꽂히는 독묻은 화살이라고 할 수 있다. 그런 감정들은 반드시 자신을 해코지

하게 되어 있다. 반면 용서는 자기 영혼을 평화롭게 하고 가슴을 죽펴서 향기롭게 만든다.

미운 사람을 사랑하지는 말자. 사람이 몇 번 죽었다 깨어나도 힘든 것이다. 미운 사람을 음식물 쓰레기 버리듯이, 배설물 버리듯이 버리자. 그래야 자기 마음이 편하다. 더러운 것을 버린다는 단순한 마음만 가지면 된다.

사람들은 쓸데없는 짐을 많이 짊어지고 산다. 가만히 사람들을 보면 어깨 위에 하나씩 짐을 지고 있다. 어떤 짐인지 잘 모르지만 누구나 짐을 지고 산다. 짐 중에서도 미움과 분노의 감정은 참 무겁다. 그 정도는 내려놓는 것이 좋지 않을까.

누가 그런다. 누군가를 미워하면 그 사람을 닮아 간다고. 시어머니를 극도로 미워하는 며느리는 나중에 본인이 나이 들어서 시어머니의 못된 행동을 자기도 모르게 따라 한단다. 미워하는 대상의 속성이 마음속에 하나둘 쌓여 그대로 자기가 된다는 것이다. 이 이야기를 들으면서 소름이 돋는 것을 느꼈다. 다른 사람의 결점이 눈에 들어온다면 그것이 자기 속에 있기 때문이다.

누군가를 미워하고 싫어해도 상대는 잘 먹고 잘 살 것이다. 자기만 미움의 감정에 사로잡혀 괴로워한다. 스스로 손해 보지 않으려면 미움의 감정을 그대로 흘러가게 내버려 두어야 한다.

미워하지 말자

누군가를 너무 미워한다면 그에게 많이 집착한다는 의미입니다. 집착한다란 얽매여 있다는 말입니다. 다시 말하면 나쁜 사람의 노예로 산다는 것입니다. 자기에게 못된 짓을 한 사람을 미워하면서 자청해서 그의 노예로 살겠습니까? 자기 자존심을 세우는 생각을 하면서 미움을 내려놓으십시오. 마음속에서 누군가를 미워하는 마음만 내려놓아도 예쁜 사랑의 감정이 차오릅니다.

우리는 어떻게 이웃과 평화롭게 지낼 것인가?

당신과 동행하는 이웃의 길 위에
매일 한 송이 꽃을 뿌려 놓을 줄 안다면
지상의 길은 기쁨으로 가득 찰 것이다.
– R. 잉글레제

길을 가다가 낯선 사람과 부딪힌다. 그냥 별거 아닌 상황이다. 그런데 상대가 자기 감정을 통제하지 못하고 화를 낸다. 왜 그는 사소한 것에 그리 분노할까. 크게 다치지도 않았는데 화를 내는 이유가 뭘까. 이런 상황을 요즘은 분노 조절 장애로 설명한다.

신체 접촉이 기분 상해서 지하철에서 밀어 사망에 이르기까지 하는 세상이다. 터널 안에서 자기 차를 앞질러 간다고 뒤를 쫓아가 야구 방망이로 상대 차를 파손하기도 한다. 여자 친구가 헤어지자고 했다고 자동차로 밀어 버린 남자도 있다. 아파트의 층간 소음 때문에 벌어진 다툼은 이제 뉴스거리도 안 된다. 이런 사회적 병리 현상 앞에서 우리는 어떻게 공존하며 살지를 고민해야만 한다.

우리는 이웃이 사라진 시대에 살고 있다. 옛날에는 옆집 숟가락이 몇 개인지도 알고 지낼 정도였다. 지금 그런 이야기는 전설이 된 지 이미 오래다. 그저 우리 옆집에 사이코패스만 안 살았으면 좋겠다고 생각할 정도다. 이웃과의 적극적인 평화가 아니라 내가 피해만 안 받으면 되는 소극적인 평화가 대세가 되어 가는 느낌이다.

조선 시대 오희문이라는 사람이 임진왜란 전후로 9년 3개월을 기록한 일기인 《쇄미록》이 있다. 이 책에 강원도 고성 지방에서 목격한 일화가 나온다.

"마을에 들이닥친 왜병의 무리가 부녀자를 겁탈하고 재물을 약탈하는 행패도 부족해서 농가에 불을 지르고 마을 사람을 마구 죽였다. 한 농부는 마을을 지킬 생각은 하지 않고 밭일만 했다. 약탈을 마친 왜병들이 농부가 가꾸는 밭을 짓밟자 농부는 분노가 머리끝까지 치솟아 잠자코 있을 수가 없었다. 밭이랑을 긁던 쇠스랑을 쳐들고 조총으로 무장한 왜병들에게 대들었다. 왜병들은 비웃으며 쇠스랑 쳐든 농부를 조총으로 쏘았다. 농부는 힘없이 죽고 말았다. 왜병들은 깔깔대며 농부의 밭을 어지럽히고 지나갔다."

조선 시대의 모습이 아니라 오늘날 한국의 모습 같다. 마을이 불타고 이웃이 겁탈당해도 눈 하나 깜짝 안 하던 사람이 자신의 논밭이 짓밟히자 분노가 치민다. 무관심은 이기심과 쌍둥이다. 둘은 늘 함께 붙어 다닌다. 둘은 이웃과의 평화를 해치는 바이러스다. 이웃에 다가가고 손을 내밀어야 한다. 먼저 인사하고 나누어야 한다. 우리는 알게 모르게 마음의 문을 닫는다. 아마 상처 때문일 것이다.

이웃에 대해 니체도 한 말씀 했다. 니체는 오히려 이웃을 이용하려는 자세를 경고한다.

"어떤 사람은 자신을 찾기 위해, 어떤 사람은 자신을 잊기 위해 이웃에게 달려간다."

우리는 이웃과 어떻게 평화롭게 지낼 수 있을까? 친구끼리든 이웃끼리든 부부 사이든 먼저 손을 내미는 쪽이 승자다. 계속해서 꽁하고 있으면 자기만 손해다. 특별한 잘못이 없어도 "미안해"라는 한마디로 모든 것을 툭 털어놓으면 마음이 편해진다. 마음의 평화를 얻기 위한 칼자루를 쥐는 사람은 먼저 놓을 줄 아는 사람이다.

용서는 상대방을 위함이 아니라 나를 위함이다. 용서하는 마음으로 내려놓아야 마음이 편해진다. 마음이 편하면 만사가 편해진다. 세상사는 그저 마음 하나 먹기에 달렸다. 미움을 내려놓을 줄 아는 용기는 작아 보이지만 무척 큰 위력을 갖고 있다.

사람 곁에는 늘 사람이 있다. 이웃은 가까이서 호흡하는 사람이다. 오가며 늘 마주친다. 억지로 외면하려는 감정은 스스로를 경직되게 한다. 어차피 더불어 사는 인생이라면 감정의 교류가 중요하다. 너무 가까이 다가갈 필요는 없다. 최소한의 눈인사 정도라도 해야 적이 되지 않고 단절이 되지 않는다.

설사 말다툼이 있더라도 먼저 화해할 용기를 갖자. 사람은 누구나 다툰다. 다투는 것은 문제가 아니다. 다투고 난 후에 어떻게 대처하는가가 보다 중요하다.

맛있고 맛있는 인생 레시피   이웃에게 먼저 다가가자

아파트 이웃은 보통 2~3년이 지나도 서로 인사 한 번 안 하고 지내는 경우도 많습니다. 그러다 보니 사소한 다툼에도 이해하고 양해하는 폭이 좁습니다. 아파트가 되었든 전원주택이 되었든 내 옆에 누가 사는지는 알 필요가 있습니다. 굳이 자세히 몰라도 인사 정도는 주고받을 수 있지 않을까요? 조금 어색해도 먼저 인사하십시오. 누군가 싫어 의아하게 쳐다보면 "302호입니다"라고 말하십시오. 인사를 안 받거나 이상하게 쳐다보는 사람이 잘못이지요. 먼저 인사를 건넨 사람은 건강한 이웃입니다.

마음이 현실을 만들어 낸다.
우리는 마음을 바꿈으로써
현실을 바꿀 수 있다.

- 플라톤

내 입맛은 내가 가장 잘 안다.
어떤 걸 좋아하고
어떤 걸 잘하는지도
나만큼 아는 사람이 없다.
나를 행복하게 하는
인생 레시피도
오직 나만이 만들 수 있다.
내가 무얼 좋아하는지를 먼저 찾자.
내가 좋아하는 것으로
나와 세상을 행복하게 만들자.

나만의
행복
레시피를
만들자

지금 당신은 무엇에 중독되어 있는가?

보통 인간의 후반생은
전반생에 쌓아 온 습관으로 성립된다.
- 도스토옙스키

　현대인은 무언가에 쉽게 중독되는 듯하다. 워낙 유혹하는 것들
이 많은 세상이라 그럴 수도 있다. 하지만 병적으로 중독에 빠지는
사람들이 늘고 있어 문제다. 담배, 술 중독이야 워낙 많이 대중화(?)
된 중독이지만 우리가 모르게 '어, 이것도 중독인가?' 할 정도로 중
독되는 경우도 있다. 특히 음식 중독 중에는 아무도 중독이라고 느
끼지 못하는 중독도 있다.

　돈, 명예, 권력 같은 것들이 현대인의 대표적인 중독이다. 중독에
빠져든 뭔가가 없어지면 불행하고 살 수조차 없을 정도다. 혹시 중

독 중에도 좋은 중독이 있지 않을까? 빠져들어도 좋은 삶의 중독에는 뭐가 있을까?

중독에는 묘한 마력이 있다. 중독이 괜히 되는 게 아니기 때문이다. 노름이든 운동이든 마라톤이든 모두 중독성이 있다. 중독 자체는 나쁜 것이 아니다. 뭔가 마력이 있으니까 빠져드는 것이다. 사랑 중독은 얼마나 아름다운가. 휴머니즘 중독, 굉장히 아름답다. 책이나 영화에 중독되는 것도 좋다. 마라톤 하는 사람은 안 하면 몸이 근질근질하다고 한다.

어떤 한계를 벗어나야 중독이다. 명절에 가족끼리 치는 고스톱은 중독이 아니다. 정신없이 매일 틈만 나면 할 만큼 미쳐야 중독이다. 그러니까 한계에서 벗어나지 않을 만큼 즐기는 절제가 필요하다. 즐김을 넘어가서 오버하면 중독에 이른다.

긍정적인 중독이란 말이 있다. 중독에 하도 부정적인 뉘앙스가 많으니까 꼭 그렇지 않다는 뜻에서 나온 말이다. 긍정적 중독은 사람이 살아가는 에너지원이 된다. 행복과 만족은 세상의 어느 것으로도 채울 수 없다. 돈 많은 갑부나 권세가도 100퍼센트 행복과 만족을 느낄 수 없다. 로또에 당첨되거나 재벌 상속자가 아닌 자신의 노력으로 하나씩 이루어 낸 과정 자체가 삶의 활력소이고 힐링이다.

현재의 삶이 고통스럽고 참기 어려울수록 현실 도피적인 태도를 버려야 한다. 오히려 어려움을 극복하고 원하는 것에 몰두하려는 긍정적인 중독을 선택하는 편이 현명하다. 긍정적 중독은 어느 한 순간뿐만 아니라 일을 마친 이후에도 성취감으로 남는다.

긍정적인 중독은 몰입의 과정이다. 자기를 쏟아붓는다. 긍정적인 중독은 강한 자신감을 불어넣어 자기 주도적인 인생을 살게 한다. 약한 사람들은 대부분 사랑과 우정이 결핍되어 있어서 자신을 돕는 주요한 방법에서 차단되어 있다. 그들은 허약함의 악순환에 갇혀 있다. 긍정적 중독을 통하여 악순환 구조를 깨는 방법을 배운다면 보다 더 강해질 것이다.

나쁜 중독은 의존성이고 좋은 중독은 자립성이다. 자꾸 의지하면 나쁘고 조절할 수 있다면 강하다. 앞에서 언급한 즐기느냐, 노예가 되느냐의 차이다. 사랑 중독도 좋은 말이다. 즐기고 조절하지 못하는 사랑은 의존성이 강해서 나쁜 중독으로 변질되기 십상이다. 내가 언급하는 긍정적인 중독은 당신 혼자서 하는 무엇이다. 그것은 타인에 의존하지 않는다.

강한 사람들의 특징을 보면 아무리 힘든 역경에 처하더라도 언제나 상황을 극복할 대안을 갖고 있다. 보다 깊은 긍정적 중독 상태에 빠지면 우리의 두뇌는 자유로워지는 시간이 증가한다. 신경 세포들은 훨씬 더 많은 일을 하게 된다. 신경 세포들이 독자적으로 활동하면서 과거와 현재, 그리고 미래의 아득히 먼 자극들을 끌어모으는 것이다. 결국에는 어떤 자극과 경험을 껑충 초월하여 전혀 사용된 적이 없는 새로운 '처녀지'로 이동해서, 우리가 전혀 경험해보지 못한 새로운 방식으로 스스로를 재배열하기 시작한다.

일반적으로 유능한 두뇌란 마치 줄에 묶인 잘 훈련된 개와 같다. 당신이 데려가는 대로 충성스럽게 뒤를 쫓아다닌다. 긍정적 훈련 상태에 있는 두뇌는 주인의 신뢰를 받는 잘 훈련된 개가 잠시 끈에서 풀려난 상태와 비슷하다. 이런 상태의 두뇌는 유능함을 지니고 황홀한 자유로움으로 당신을 새로운 경험의 절정 상태로 몰아넣을 것이다.

사실 현대 문명은 사람들을 미치게 하는 경향이 있다. 미치지 않고는 제정신으로 살아가기 힘들 정도다. 그래서 술을 마시거나 게임을 하면서 다른 세계에 쉽게 빠져든다. 나는 그런 상황을 충분히 인정한다. 하지만 미치지는 말자. 너무 다른 세계에 가서 살지 말자. 함께 풀면 해답을 찾을 것이다. 중독을 병으로 인정하면 치료할 방법도 나온다. 아프면 아프다고 해야 빨리 낫는다.

사람 중독, 책 중독, 가족 중독 등은 나를 즐겁게 한다. 이런 중독이 좋은 중독, 긍정적 중독 아닐까? 자신을 미치게 하고 세상을 힘들게 하는 나쁜 중독에서 벗어나 좋은 중독으로 갈아탈 수 있도록 서로 도와야 한다. 그래야 더불어 건강하게 살아가는 사회가 되지 않을까.

멋있고 맛있는 인생 레시피   좋은 것에 중독되자

좋은 사람들과 이야기를 나누고, 자기를 기분 좋게 하는 여행을 가고, 자기 내면을 살찌우는 독서를 하고, 숲속에서 잠시 세상의 시름을 잊으며 걷고, 빗소리를 들으며 명상에 잠기고……. 세상에는 마음에 풍요를 주는 좋은 것들이 많습니다. 그런 것들을 찾아서 중독되십시오. 좋은 중독이 나쁜 중독을 몰아내게 하십시오.

즐거운 삶은 세월이 더디 가게 하는 묘약

즐거움을 기대한 것 또한
하나의 즐거움이다.
- 고트홀트 E. 레싱

일에 치이다 보니 내가 좋아하고 재밌어하는 일을 자꾸 뒤로 미루게 된다. 어떤 사람은 하고 싶은 일을 하면서 사는데 나는 그러지 못한다. 중국 고전에 이런 말이 있다.

"인생은 달리는 백마를 문틈으로 본 것처럼 삽시간에 지나간다."

나이가 들면 하루하루가 정말 빠르다. 초고속 LTE급이다. 20~30대는 도저히 상상할 수 없는 속도다. 언제나 청춘인 줄 알았는데 나이도 엄청 빨리 먹는다. 너무 빨리 나이가 드니 이제 나이 세기를 포기할 정도다. 그게 마음이 편하다. 어느 순간 나이 따위는 개나 줘 버리고 그냥 즐거운 일 찾으면서 기쁘게 살자고 마음먹는다. 읽고 싶은 책 읽고, 쓰고 싶은 글 쓰고, 만나고 싶은 사람 만나고, 마음씨 좋은 사람들과 신나게 수다 떨면서 살면 인생이 재밌다.

1분 1초가 아까우니까 재밌게 살아야 한다. 한숨 쉬거나 슬퍼하거나 화를 내며 살 시간이 어디 있나. 가뜩이나 빨리 지나가는 시간인데. 세월을 붙잡고 느리게 가게 할 사람은 오직 자신뿐이다. 세월이 더디 가게 하는 묘책은 하루를 즐겁게 사는 것이다.

재밌게 놀면서 잘 먹고 잘 살면 눈치 보이는 것일까? 평생 일만 열심히 하고 돈만 많이 번다고 무엇이 남을까? 우리는 대부분 자기가 하고 싶은 걸 모두 하지도 못하고 인생을 마감한다. 그렇다면 지금부터라도 재밌는 일, 하고 싶은 일을 찾아서 하루하루를 알차게 보내야 하지 않을까.

너무나 가난했던 우리 부모님들은 코피를 쏟아 가며 200년 만에 이룰 성장을 50년 만에 해냈다. 대단한 일이고 분명 존경해야 한다. 지금은 다르다. 이젠 압축 성장이 아니라 질적 성장을 이루어야 하는 시기다. 일만 하기보다 적당한 재충전과 휴식이 오히려 높은 생산성을 이룬다고 생각한다.

일만 열심히 하는 시대는 지났다. 일이 놀이고 놀이가 일이 되는 시대다. 일과 놀이의 영역이 허물어져야 창의성도 높아지지 않을까. 골프 여왕 박세리가 아버지에게 항의했다고 한다. 다른 건 다 가르쳐 놓고 왜 쉬는 법은 가르쳐 주지 않았느냐고. 우리는 일 잘하는 방법만큼 쉬는 방법, 노는 방법도 배워야 한다. 그래야 일도 잘하고 돈도 많이 벌 수 있다.

광고에서 보니까 인생 80년 중에 26년은 잠자고, 21년은 일하고, 9년은 먹고 마시며 지내지만 웃는 시간은 겨우 20일뿐이라고 한다. 나는 이 숫자에 충격 먹었다. 나름 많이 웃는다고 생각했는데 평균적으로 웃는 시간이 20일뿐이라니. 우리나라 사람들 얼굴을 보면 정말 심각하다. 얼굴만 보면 조사가 맞겠다 싶은 생각이 든다.

우리는 화를 참 많이 낸다. 운전하다가도 화를 내고, 별거 아닌 일로 친구에게 화내고, 바쁘다는 핑계로 자식들에게 짜증 낸다. 화내는 시간을 반으로만 줄여도 우리 인생은 무척 행복할 것이다. 하루에 15초만 웃어도 수명을 이틀이나 연장할 수 있다고 한다. 아침에 일어나서 거울 속의 자신을 보고 15초만 웃어 보자. 아마 그날 일들이 술술 잘 풀리지 않을까. 기쁘게 사는 것이 행복이다.

신나게 웃을 수 있는 사람이 행복한 사람이다. 행복은 누가 만들까? 남이 만들어 주지 않는다. 바로 자신이 만드는 것이다. 사랑하는 사람이 옆에 있어도 마음의 문을 열지 못하면 행복하지 않다. 돈을 수십억 원 가지고 있어도 하루하루를 기쁘게 살지 않으면 행복한 인생이 아니다. 흔한 말이기는 하지만 행복해서 웃는 것이 아니라 웃어서 행복한 것이다. 그 말이 진리다. 옛날 코미디 프로 중에 〈웃으면 복이 와요〉가 있었다. 그 제목이 진리다.

우리는 한 번밖에 못 산다. 두 번 살 수 있는 사람은 세상에 아무도 없다. 연습도 할 수 없다. 그냥 부딪히고 깨지며 살아야 한다. 맨날 슬프고 아픈 일만 일어나는 인생이 아니다. 생각해 보면 기쁘고 재밌고 좋은 일도 많다. 우리가 마음의 문을 열지 않아 느끼지 못한다. 2차 세계 대전 당시 아우슈비츠에 갇힌 죄수들은 최악의 상황에서도 자기들끼리 유머를 주고받으며 웃었다고 한다.

언젠가 아르헨티나의 한 수녀님이 병원에서 막 돌아가신 사진을 본 적이 있다. 환한 표정으로 웃으며 돌아가셨다. 마치 '나 지금 천국으로 가니 행복해!' 하는 표정이었다. 나는 죽는 날까지 하늘을 우러러 한 점 부끄럼 없이 살기보다 죽는 날까지 그 수녀님처럼 환하게 웃으며 살고 싶다.

요즘 젊은이들은 쉽게 좌절하고 헤어 나오지도 못한다. 자신의 처지를 약진의 발판으로 삼기보다 비관하는 경우가 더 많다. 웃어야 청춘인데 어떤 교수님의 말을 그대로 믿고 아프니까 청춘이란다. 대한민국이 마치 집단 우울증에 빠진 것 같다. 언젠가 시골에 갔는데 동네 아이들이 깔깔거리며 신나게 웃고 있었다. 웃음소리를 들으니 마음의 먹구름이 걷히는 듯했다. 아이들의 웃음은 특권이다. 미래 걱정에 한숨 쉬기보다 지금 순간을 즐기며 웃어야 한다.

걱정은 누구나 한다. 10대도 하고, 20대도 하고, 돈 많은 재벌도 하고, 권력이 있는 사람도 걱정을 하며 하루를 산다. 모두 걱정한다면 나라도 걱정을 덜고 웃을 줄 알아야 한다. 다음은 톨스토이의 소설 《안나 카레니나》의 첫 문장이다.

"행복한 가정은 모두 모습이 비슷하고, 불행한 가정은 모두 제각각의 불행을 안고 있다."

누구나 제각각의 불행을 가지고 있다. 불행을 안고 살지 않았으면 한다. 다만 불행에 좌절해서 스스로를 깎아 먹지 말았으면 한다. 세상을 한번 둘러보라. 자기만큼 소중한 사람이 어디 있나? 자신은 우주에서 단 하나뿐인 존재다. 자신이 특별한 존재라는 사실을 알면 얼마나 기쁜가.

아프니까 청춘이 아니다. 즐겨야 청춘이다. 즐길 줄 모르면 20대도 노인이나 다름없다. 즐길 형편이 안 된다고? 돈이 없다고? 핑계는 무덤에 묻고 그냥 살맛 나게 살아 보자.

영혼의 가시를 뽑아내자

마당의 잡초를 뽑아내듯이 쓸모없는 것, 나를 괴롭히는 것, 영혼을 갉아먹는
것을 자주 뽑아야 합니다. 자기 마음 밭을 편안하고 평화롭게 하려면 영혼의
가시를 아낌없이 뽑아내야 합니다. 자기 영혼에 평화를 주어 무병장수하는
세 가지 방법이 있습니다. 첫째, 마음을 편안하게 하고 둘째, 남의 허물을 잊
고 용서하며 셋째, 소식하고 운동하는 것입니다. 당신도 내일부터 세 가지를
당장 시작해 보세요.

하루 중 가장 행복한 순간은?

행복을 두 손에 꽉 잡고 있으면 작아 보이지만,
그것을 풀어 주면 비로소
얼마나 크고 귀중했는지 알게 된다.
- 막심 고리키

나는 방송이나 강의가 끝나기 전에는 힘이 들다가도, 그날 하루
를 무사히 마치고 주차장을 나올 때는 굉장히 큰 기쁨을 느낀다. 강
의 없는 방학이 좋다가도 개강을 해서 학생들을 만나면 새로운 활
력이 샘솟는다.

강의 중에 졸고 있는 제자들에겐 "잠 깨고! 지금 졸면 후회한다"
라고 큰 소리로 말한다. 가끔 '내가 강의를 못하는 교수가 절대 아
닌데'라는 서운함도 생기지만, '얼마나 재미가 없으면 졸고 있을

까?' 하면서 반성도 한다. 대신 대답을 못 하겠지 싶은 질문을 했는데 멋지게 대답하는 제자들을 보면 설렘과 기쁨으로 하루를 웃음으로 보낸다. 특히 4학년이 아니라 2학년인 제자라면 "와우, 역시 내 제자야"라며 더욱 행복에 넘친다. 그 순간에는 남들이 못 느끼는 선생으로서의 나만의 느낌이 있다.

하루는 수업이 끝나고 나를 따라온 제자가 말했다.

"교수님, TV 속의 교수님 수업을 듣는다고 집에서 목에 힘 좀 줬어요. 언니는 다른 대학교에 다니는데, 언니네 교수님은 TV에 못 나오시잖아요."

"아, 그래!"

그날 나는 건강 전도사로서 대중을 만나고 싶어 하는 것보다 더 큰 이유로 방송하는 보람을 느낄 수 있었다.

인생을 책으로 비유한 장 파울의 명언이 생각난다.

"인생은 한 권의 책과 같다. 어리석은 이는 마구 넘겨 버리지만, 현명한 이는 열심히 읽는다. 인생은 단 한 번만 읽을 수 있다는 것을 알기 때문이다."

재밌는 책은 아껴 가면서 읽는다. 인생도 뒷장을 자꾸 먼저 보고 싶다. 하지만 조금씩 아껴 가며 보고 싶은 것이 인생 같다. 인생을 좀 음미하면서 살아야 하지 않을까. 커피 한잔을 마셔도 음미하면서 마시는 사람이 있고 그냥 숭늉 마시듯이 마시는 사람이 있다. 커피를 음미하는 행동에는 커피도 커피지만 그 순간을 충분히 느끼는 것도 포함되어 있다. 오로지 내가 가진 시간을 즐기는 것이다.

작가 조정래 선생은 '불행을 느끼지 않을 때가 바로 행복한 때'라고 했다. 쉬운 말인데 울림이 있다. 행복은 멀리 있거나 거창한 무엇이 아니다. 내 마음이 불행하다고 느끼지 않을 때가 진정 행복한 순간이다. 그렇게 느껴지는 지금이 행복한 순간인 것이다.

하루 24시간 중에 누구나 행복한 순간은 있다. 감옥에 갇혀 있는 사람조차도 행복한 순간이 찾아온다. 단지 못 느낄 뿐이다. 인생을 음미하며 나에게 다가온 시간과 공간 속에서 기분 좋게 하는 무언가를 찾아보자.

땀을 식히는 시원한 바람도 좋고, 스쳐 지나가는 사람의 은은한 향기도 좋고, 거리를 거닐다 만나는 노래도 좋다. 자기 마음의 감각과 촉수를 열어 놓고 순간순간을 바라보면 누구나 행복한 순간을 만난다. 취업 걱정으로 힘들어도 엄마가 해준 집밥에서 행복과 힘을 느끼고, 밥벌이의 고단함 속에서도 갓 태어난 아기의 웃음에서 피로가 녹는다. 우리는 순간순간을 소중하게 생각하며 살아야 한다.

행복한 순간은 사람마다 다르다. 샤워기의 따뜻한 물줄기가 행복일 수도 있고, 집에 돌아오면 반겨 주는 강아지가 행복일 수도 있다. 자기를 기분 좋게 하는 순간을 꽉 움켜쥐자. 순간들이 많이 쌓이면 곧 행복한 인생이 된다. 돈이 많고 권력이 있다고 행복한 것이 아니다. 아주 사소한 것이라도 나를 기분 좋게 하는 무언가가 있다면 행복해진다.

존경하는 김홍신 선생님은 행복하려면 세 가지를 읊조리라고 한다. 실제로 그분은 아침에 눈을 뜨면 벌떡 일어나지 않고 한 20초간 자기 가슴에 손을 얹고 세 가지를 읊는다고 한다.

"첫째, 오늘도 살아 있게 해주어 고맙습니다. 둘째, 오늘 하루도 즐겁게 웃으며 건강하게 살겠습니다. 셋째, 오늘 하루도 남을 기쁘게 하고 세상에 조금이라도 보탬이 되겠습니다."

행복이란 단어가 뜬구름 잡는 것 같다는 사람들에게 "바라고 노력하고 연습하면 꿈은 현실이 되며 행복은 그저 믿음이다"라고 말한다. 취업하기를 간절히 바라는 제자가 형편없던 자기소개서를 수정하여 멋들어지게 완성해 낼 때도 나는 정말 행복하다고 생각한다. 나의 간단한 영양 정보가 삶에 도움이 된다는 동네 어른의 한마디도 특별한 행복으로 다가온다. 무언가 의미를 부여할 작은 일을 하고 있다는 사실, 거기에 나의 행복 에너지가 숨 쉬고 있으리라.

우학 스님의 《일일 명상록》에 행복에 대한 구절이 있다.

"행복은 가까이 있다. 내 안에 있다. 행복은 많이 가짐에 있는 것이 아니라 스스로의 만족에 있다."

행복을 멀리서 찾지 말자. 바로 당신으로부터 한 걸음 거리 안에 있으니까.

멋있고 맛있는 인생 레시피   자기가 좋아하는 일을 하며 살자

즐겁고 기분 좋게 사는 것이 최고로 잘 사는 인생입니다. 자기가 뭘 좋아하는지를 찾아서 하십시오. 그림을 좋아하면 당장 그림을 그리고, 음악을 좋아하면 당장 악기를 배우십시오. 춤을 배워도 좋고, 노래를 배워도 좋고, 직장인 야구팀에 가입해도 좋습니다. 스트레스가 쌓인 날에는 탁 트인 야구장에 가서 신나게 응원을 해도 좋습니다. 자기가 뭘 좋아하는지 아는 이가 인생을 진짜 멋있게 사는 사람입니다.

행복을 오래 느끼려면 느긋하게 즐겨야 한다

매일 한 가지씩 기뻐할 것을 찾아라.
다음에는 두 가지를 찾아라. 다음에는 세 가지.
다음에는 한 시간에 하나. 다음에는 매 순간에 하나.
그러면 당신은 행복의 비결을 터득할 것이다.
- 오리슨 스웨트 마든

우리는 매 순간을 잘 못 즐기는 것 같다. 순간순간을 즐길 줄 알아야 멋있고 행복한 인생 아닐까. 그런 면에서 그리스 출신 작가 니코스 카잔차키스는 멋진 사람이다. 그가 한 말 중에 기억나는 말이 있다.

"하늘 아래에는 가을의 작은 나뭇잎 이상 위대한 것은 없다."

자기 눈앞에 있는 가을 나뭇잎 하나가 인생의 정점이라는 의미다. 스쳐 지나가면 잘 모르는 것들 중에 자세히 보면 우리 인생을 행복하게 하는 것이 많다. 그걸 느끼려면 자세부터 달라져야 한다. 정해진 목적지만을 향해 가다 보면 놓치는 소소한 행복들이다. 좋은 여행도 결국 느림이 선물하는 것이다.

모든 좋은 것들은 멈춰야 보인다. 달려가면 놓치는 것들이 신기하게도 멈추면 눈에 고스란히 들어온다. 현대인은 너나없이 멈추지 못하는 삶이라는 중병을 앓고 있다. 마치 브레이크가 없는 열차처럼 달린다. 속도보다 방향이 중요하다는 진리를 알면서도 속도를 줄이지 못한다. 달려가는 사람을 붙잡고 어디를 향해 달리는지 물어도 대답을 못한 채 그냥 달리기만 한다. 그냥 남들이 달리니까 달리는 수준이다.

그러다 보니 세상을 즐길 여유가 없다. 하던 일을 멈춰야 여태 들리지 않던 소리가 들리기 시작한다. 빠름을 멈추면 느림이 찾아오고, 느림은 행복을 업고 온다. 행복은 지금 이 순간을 얼마나 내 것으로 만드느냐에 달려 있다.

사람이 나이 들면 건강에 적신호가 켜진다. 어디 고장 나는 곳이 많아진다. 중년은 고장 신호가 오기 시작하는 나이다. 중년들은 '살을 빼야 한다', '술을 줄여야 한다'는 말을 입에 달고 산다. 그러면서 헬스클럽에 투자할 30분은 없다고 한다.

굳이 돈과 시간을 들일 필요도 없다. 고층에 사무실이 있는 사람은 엘리베이터 대신 계단을 이용해도 엄청난 운동이 된다. 조금 느리게 돌아가면 몸에 좋은 것들이 빠르게 온다. 바쁘다는 핑계로 아침 식사를 거르는 사람이라면 조금 느려도 챙겨 먹자. 아침 먹는 것만으로도 수명이 11년 길어진다고 한다.

웰빙, 웰다잉에 관심이 많아지다 보니 세상도 느림에 시선을 두기 시작한다. KTX를 타고 지방을 내려가면서 초고속 인터넷으로 느림에 관한 이야기를 검색한다. 조금 불편해도 삶의 질을 높이려는 슬로시티 운동은 이미 전 세계적으로 확산되고 있다.

슬로시티는 1999년 이탈리아에서 출발한 운동이다. 현대 사회는 빠름이 주는 편리함으로 인해 느림이 주는 행복과 즐거움을 잃어버렸다. 슬로시티는 느리게 살자는 것이 아니라 빠름과 느림의 조화를 구현하려는 운동이다. 슬로시티 운동에는 1999년 출범 후 현재까지 30개국, 225개 도시가 가입했다.

한국에도 모두 11개의 슬로시티가 있다. 전남 신안군, 전남 완도군, 전남 담양군, 경남 하동군, 충남 예산군, 경기 남양주시, 전북 전주시, 경북 상주시, 경북 청송군, 강원 영월군, 충북 제천시 등이 슬로시티다. 정말 느림의 가치를 생각하는 사람이라면 이런 도시를 한 번쯤 찾아 조금 느린 행복을 맛보는 것도 좋겠다.

행복을 느긋하게 즐기는 방법 중에 하나가 몰입이다. 책을 읽든 그림을 보든 영화를 보든 한 가지에 집중하면 다른 잡생각이 도망가고 오로지 그 순간만 즐기게 된다. 나는 몰입하는 순간에는 다른 무엇도 눈치 보지 않고 의식하지 않는다.

몰입을 철학자는 다르게 말한다. 강신주 박사는 '내가 하면 몰입이고 남이 하면 집착'이라고 했다. 몰입이 부정적으로 흐르면 집착이 된다. 삶이 힘들고 고달프다고 하지만 자기가 하고 싶은 일에 몰입하면 걱정도 사라진다. 어디선가 들은 금언이 몰입을 잘 설명하고 있다.

"당신이 자신의 불행을 생각하지 않게 되는 가장 좋은 방법은 일에 몰입하는 것이다."

자꾸 무언가를 저지르면서 자기 시간을 주물럭거려야 폼 나는 인생이 숙성되고 만들어진다. 우리는 시간을 반죽할 줄 모르고 시간에 쫓겨 살고 있다. 느긋하게 세상을 관조하는 생각의 숙성 과정을 거치지 않고 그저 결과만을 빨리 재촉하며 심신을 불안의 외줄타기로 내몰고 있다. 자기 인생을 반죽할 넉넉한 시간을 가져야 한다. 나는 아프면 아프다고 하고, 화나면 스트레스를 풀려고 애쓰는 과정이 반죽의 시간이라고 본다. 참고 억지로 잊어버리려 하는 것은 결과만을 생각하는 속성 과정이다.

우리 삶에 여백을 주면 발효가 되어 좋은 영양 성분들이 만들어지고, 숙성되는 동안 인생의 맛과 향은 더욱 깊어진다. 악기 하나 연주할 줄 아는 여유, 멋진 노을을 바라보며 잠시 발걸음을 멈추고 시간의 흐름에서 벗어나는 여유, 잠시 말을 내려놓고 마음으로 미소로 상대방의 생각을 느끼고 주고받는 여유. 그런 여유가 잘 익은 인생, 숙성된 인생을 만들 것이라 확신한다.

고대 그리스의 신 중에 시간과 관련된 신으로 크로노스와 카이로스가 있다. 크로노스의 시간은 누구에게나 똑같이 주어지는 물리적이고 기계적인 시간이다. 카이로스의 시간은 개인에 따라 상대적이고 주관적인 시간이다. 같은 시간을 보내도 행복하지 않은 사람에겐 시간이 고역이고 행복한 사람에겐 시간이 사탕이다.

당신은 당신에게 주어진 시간을 고통스럽게 보내는가, 달달하게 보내는가. 당신에겐 영화 〈매트릭스〉에서 모피어스가 주는 파란 약, 빨간 약처럼 당신의 행복을 위해 크로노스를 선택할 것인가, 카이로스를 선택할 것인가의 문제만 남아 있다.

참고로 느림의 행복을 실천하고 싶은 사람들에게 한국슬로시티 본부의 슬로라이프 행동 강령 몇 가지를 소개하고자 한다. 전부는 아니어도 가능한 실천해 보면 좋겠다.

• 되도록 자동차를 덜 타고 걷거나 지하철, 자전거를 탄다.

- 항상 웃는 얼굴이 마음의 평화를 가져온다.
- 밥 먹는 시간을 최소 30분으로 하고 여유로운 식사 시간을 즐긴다.
- 패스트푸드를 줄이고 제철에 나는 식품을 먹는다.
- 조용한 명상과 긴 침묵의 시간을 가진다. 가끔은 아무것도 안 하는 시간이 필요하다.
- 좋아하는 책, 읽어야 하는 책을 위해 시간을 낸다.
- 되도록 말은 천천히 하고, 일도 좀 느리게 한다.
- 아파트, 사무실, 지하철 이용 시 계단으로 걷는다.
- 승강기에서 닫힘 단추를 누르지 말고 3초만 기다린다.
- 천천히 가는 사람은 세상을 찬찬히 보는 재미가 있다. 인생을 여행하는 나그네처럼 살아 본다.

맛있고 맛있는 인생 레시피   느리게 살자

너무 빠름에 길들여지지 마십시오. 속도의 경쟁에서 잠깐 벗어나십시오. 초고속의 수식어를 잠시 벗어 던지고 느림의 여유를 만끽하십시오. 자전거를 타고 천천히 강변을 달려도 좋습니다. 그냥 멍하니 한강을 바라봐도 좋습니다. 사람의 생산적인 에너지는 느리게 살 때 샘솟습니다.

마음이 무거우면 몸도 무거워진다.
머리에 생각이 많으면 발걸음이 느려진다.
몸이 가벼우려면 일단 마음부터 비우자.
마음속이 평온해야 몸이 가벼워진다.
마음도 자꾸 퍼내야 한다.
퍼내고 비워야 가벼워진다.
그 마음에 기쁨을 채워 넣어야 한다.
비록 돈과 권력이 없어도
내게 주어진 하루가 기쁨으로 채워져 있다면
누구도 부러울 것이 없다.
마음을 깃털처럼 가볍게 하려면
욕심은 버리고 기쁨을 채우면 된다.

마음을
덜어 내면
몸이
가벼워진다

마음을 고요한 물처럼 맑게 하자

재능은 고요함 속에서 만들어지고,
개성은 언제나 사람들이 우습게
여기는 것을 통해서 만들어진다.
- 괴테

우리 인생에서 고요한 순간이 얼마나 있을까. 아침에 눈을 떠 학교나 회사로 우르르 몰려가고, 정해진 시간에 정해진 일을 하느라 늘 시간이 부족하다고 투덜댄다. 2~3시간 단위의 여유는 사라지고 1~2초 단위의 시간 싸움에 쫓기는 하루하루다.

아파트를 분양하는 광고에도 역세권이라는 말을 넘어서 초역세권이 등장했다. 바쁘게 움직이는 사람들은 저마다 귀에 이어폰을 꽂고 혼자만의 시끄러움에 빠져 산다. 책상에 앉아 현란한 인터넷의 바다에 빠져 정신을 못 차린다. 이런 상황에서 고요라는 단어가 자리 잡을 곳은 어디에도 없다.

나는 누군가를 기다릴 때면 카페에 앉아 책을 보곤 한다. 그 순간에도 내 마음은 고요하지 않다. 책을 보면서 다른 생각에 빠져 한 페이지를 넘기기도 힘들다. 주변의 인생 선배들은 삶의 순간순간을 천천히 음미할 수 있어야 한다고 조언한다. 하지만 음미는커녕 맛도 못 보고 지나가는 순간이 너무 많다. 말을 타고 가면서 산을 보는 정도가 아니라 KTX를 타고 순식간에 사라지는 일상을 안타까워한다.

이렇게 사는 게 정답일까. 언제까지 시간의 노예로 살아야 하는가. 언제쯤 행복한 고요의 순간으로 마음을 채울 수 있을까.

명상을 배운 적이 있다. 고요의 순간을 바라보는 연습을 했다. 지금 내 눈앞에 흘러가는 시간과 공간에만 집중했다. 내 마음의 아픔과 슬픔도 천천히 바라보았다. 내가 가늠할 수 없는 무한한 공간 속에서 에너지가 어떻게 흐르는지 차분하게 관찰했다.

나는 명상을 하며 고요를 목격한 순간이 참 좋았다. 번잡한 세상사와 다른 차원의 세상이었다. 우리가 잊고 지낸 에너지의 발원지를 만난 느낌이었다. 고요의 순간을 만나면서 새로운 힘이 솟구쳤다. 마음의 무수한 찌꺼기들이 스르르 물러나는 것 같았다.

깨달음을 전하는 책들은 지금 이 순간에 집중하라고 한다. 그러려면 고요의 순간을 만나야 한다. 나는 그걸 잠깐이나마 체험하였다. 연습과 훈련으로 일상에서 자주 만나지 못해 아쉬울 따름이다. 브랜든 베이스는 다음과 같이 말했다.

"우리는 우리의 정신을 고요한 물처럼 맑게 할 수 있다."

노자의 《도덕경》에 '상선약수上善若水'라는 말이 나온다. 지상 최고의 선은 물과 같다는 이야기다. 세상에서 가장 강한 것이 물이다. 물처럼 맑고 고요한 정신은 낮은 곳이면 어디든 흘러 들어간다.

고요함은 마음을 차분하게 한다. 천둥 치는 날 놀란 송아지 방앗간에 뛰어들듯 허둥대는 마음을 가라앉힌다. 어떤 일을 먼저 해야 할지 갈팡질팡하는 순간에 올바른 선택을 하게 한다. 남을 의식하며 겉모양만 갖추려는 자신을 나무라고 삶의 속도를 잠시 늦추게 한다. 우리 삶의 고요는 봄날 한가한 하품처럼 찾아온다. 그 한가한 순간을 하찮게 여기면 진정으로 인생을 음미할 수 없다.

고요를 자주 만끽한 사람은 자기 삶을 서두르지 않는다. 사는 게 좀 힘들어도 느긋하다. 고요함 속에 다져진 마음이라면 시간이 지나면 다 해결될 일이어서 걱정을 하거나 야단법석을 떨지 않는다. 책 한 줄 볼 시간이 없거나 노래 한 곡 음미할 줄 모르는 인생을 나는 행복한 인생이라고 생각하지 않는다.

나는 이 글을 쓰고 있는 순간에 고요함을 만난다. 소리가 방해하지 않는 순간에 오로지 글에만 집중하게 하는 고요를 만나는 것이다. 고요 속에 나만의 차분한 생각의 흐름을 목격한다. 누구는 이 순간을 절대 고독의 순간이라고 한다.

'아침편지'로 유명한 고도원 작가는 한 인터뷰에서 절대 고독에 대해 말한다.

"누구에게나 자기가 겪는 고독은 절대적이에요. 비교할 수가 없고 경중을 따질 수 없어요. 치열하고 처절한 거죠."

나는 절대 고독의 순간을 우리가 만나야 할 고요한 순간이라고 본다. 인생에서 이런 순간을 만나지 못한 사람은 불행하다. 아니, 만났지만 그냥 흘려보낸 사람이 많을 것이다. 한 사람 한 사람의 인생은 그냥 흘려보낼 만큼 하찮은 인생이 결코 아니다. 그렇기에 순간순간의 흐름을 차분히 관찰하고 즐길 수 있어야 한다.

봄날 꽃은 초고속으로 피지 않는다. 천천히 공을 들여 꽃망울을 벌린다. 그건 시간과 공간이 만들어 낸 자연의 기적이다. 이것을 기적으로 받아들이느냐, 그냥 하찮은 일상으로 받아들이느냐는 오로지 당신의 몫이다. 기적으로 받아들인 사람의 인생과 그렇지 않은 사람의 인생은 분명 행복의 격차가 엄청날 것이다.

~~~~~~

멋있고 맛있는 인생 레시피　　　　　　　　고요를 즐기자

하루에 단 10분만이라도 고요의 순간을 즐겨 보세요. 소리에서 해방되고 생
각의 감옥에서 탈출하세요. 그냥 무념무상의 순간에 빠져 오로지 자연의 흐
름만 느끼십시오. 늦가을 낙엽이 떨어지는 소리에도 집중해 보세요. 세상에
영원한 것은 아무것도 없으니 물질도 결국 잠시 머무는 행복일 뿐입니다. 인
생을 살다 궂은일이 밀려들 때가 와도 마음을 고요하고 맑게 만들어야 행복
의 카타르시스를 만끽할 수 있습니다.

~~~~~~

비움과 채움 사이에 나눔이 있다

우리는 일함으로 생계를 유지하지만,
나눔으로 인생을 만들어 간다.
- 윈스턴 처칠

삶의 본질은 밖에서 구하는 것이 아니다. 단순하고 반복적인 우리의 일상 안에서 스스로 찾는 것이다. 모든 삶의 단계에서 기본은 지금의 '일상'이다. 일상은 누구의 것도 아닌 나의 것이다. 인생의 절반인 터닝 포인트를 넘기다 보니 보다 깊고 의미 있게 살고 싶어졌다. 현재에 불만을 느낀 채 '언젠가 찾아올 행복'만을 기다리며 부족한 삶을 살기보다 지금 여기에서의 삶을 충만하게 살고 싶어졌다.

그 후로 느려도 깊이 있게 즐기는 살림을 하려고 노력했다. 삶의 공간을 물건으로 채우기보다 내면의 행복으로 꽉 채우려고 노력했다. 그러다 보니 내 생활이 풍요롭다는 것을 조금씩 느끼기 시작했다.

나는 다이어트에 대해 많은 얘기를 한다. 다이어트도 결국은 비움이 중요하다. 몸의 노폐물을 비워 내야 살도 빠지고 몸도 가벼워진다. 우리는 마음이 허해서 무언가 채워 넣으려고만 한다. 입이 허전해도 간식을 먹어야 한다. 스트레스가 심하면 또 먹는 걸로 해결하려고 한다.

삶이 고달픈 사람들은 늦은 밤까지 술과 기름진 안주로 자기 몸을 더 고달프게 한다. 현대인들은 분명 채우는 것만 알고 비우는 건 잘 모른다. 도대체 얼마나 채우려고 이렇게들 사는 걸까? 우리는 무엇을 비우고 무엇을 채우며 살아야 하는 걸까?

채움과 비움을 반복하는 인생이다. 생리적으로도 먹고 배설하는 것을 반복한다. 먹는 것만 잘해도 안 되고 배설만 잘해도 안 된다. 채움과 비움이 균형 있어야 한다. 인생도 무조건 비움만 강조할 것은 아니다. 채움이 너무 강조되는 세상이라 비움이 상대적으로 가치 있어 보이고 가르침의 화두가 되지만 그렇다고 채움을 무시할 수도 없다.

나는 이전 책에서 인생 비우기를 강조했다. 동시에 적당한 채움도 필요하다고 강조했다. 다이어트도 무조건 굶는다고 효과적이지는 않다. 나는 이번 책을 쓰면서 채움과 비움 사이에 뭔가 있다는 생각을 하게 되었다. 일상에서 느끼던 아주 쉬운 키워드인데 잘 떠오르지 않았다. 그러다 문득 '나눔'이라는 단어가 가슴에 콱 박혀 왔다.

나눔이란 무엇인가? 어느 스님은 '채움과 비움이 자유로울 때 열리는 행복의 문'이라고 했다. 채움에 욕심이 많거나 비움에 인색하다면 나눔을 할 수가 없다. 깨달음의 종소리는 이럴 때 울린다.

많은 재물을 가졌음에도 베풀지 않고 인색한 부자들이 있다. 넓은 호수의 맑은 물을 쓰지 않고 저장만 하는 것처럼 어리석은 짓이다. 물을 쓰지 않고 저장만 하면 썩어 버린다. 귀한 재물이 아무리 많더라도 쓰지 않으면 효용 가치가 없어지는 것이다.

다시 비움의 의미를 생각해 보자. 비움이란 채우기 위한 그릇을 갖는 것이다. 비운다고 나를 없애고 버리는 것이 아니다. 나를 버리면 무엇으로 채워야 하나?

비움에서 가장 큰 것은 내가 사물에 대해 원하는 바가 뭔지를 생각해 보는 것이다. 주어진 바에 감사하기보다 뭔가 원하는 것이 많을수록 우리는 노예로 살게 된다. 계속 원하는 것에 끌려다닌다. 끌려다니면 노예 생활을 하는 것과 같다. 이 같은 노예에서 벗어나는 과정이 비움이다.

비움과 채움을 실천하는 또 하나의 과정은 나눔이다. 비움과 채움 사이의 다리가 나눔이다. 비움과 채움은 머리에서 가슴까지의 과정이고, 나눔은 가슴에서 발까지의 과정이다. 비움과 채움을 실천하기 위해서는 나눔이 필요하다.

인생살이에서 양보하고 배려하는 건 비움이고, 감사하고 즐거워하는 건 채움이다. 둘을 함께 공유하는 것이 나눔이다. 좋은 건 나누고 나쁜 건 버려야 한다. 바로 세상을 건강하게 하는 삶이다.

농사를 모르는 사람들은 논에 물이 가득 차 있으면 벼가 잘 자라는 줄 안다. 하지만 논에 항상 물이 차 있으면 벼가 부실해져서 작은 태풍에도 잘 넘어진다. 가끔씩은 물을 빼고 논바닥을 말려야 벼가 튼튼해진다. 우리 삶의 그릇에도 물을 채워야 할 때가 있고, 물을 비워야 할 때가 있다.

인생은 흘러가는 것이 아니라 채우고 비우는 과정의 연속이다. 오늘은 무엇을 채우고 비울 것인가? 어떻게 나눔을 실천할 것인가? 우리 인생은 채움, 비움, 나눔으로 달린다.

나이가 들수록 내려놓고 비워야 할 것 중의 하나가 욕심이다. 노인이 욕심을 부리면 추해진다. 내려놓고 비우자. 사회적 지위나 욕심 자체를 내려놓아야 한다. 70세부터 홀가분한 사람은 다 내려놓는 사람이다. 그때는 날개 돋듯 날아갈 것이다.

"앞만 보고 달리는 것을 잠시 멈추고 느긋하게 걷기 시작하면 놀랍게도 온 세상은 당신에게 다가오게 되어 있다."

비키 마이런의 말이다. 그는 과거에 집착하는 우리에게 이런 충고도 했다.

"좋은 일도 있고 나쁜 일도 있는 것이 인생이다. 과거는 놔주어야 한다. 더 중요한 문제는 내일을 누구와 함께 하느냐는 것이다."

우리는 버려야 할 것을 버리지 못해서 힘겹게 산다. 있는 것을 버리는 것 말고도 자기에게 주어진 아픔이나 고통도 버려야 할 때가 많다. 집착하다 보면 추해지고 당당할 수 없기 때문이다. 나는 "그까짓 것, 뭐 어쨌다고?"라고 중얼거리며 비우기 연습을 한다. 비우지 않으면 앞으로 더 채울 기회가 없이 그저 괴로움만 가득할 것이다.

언젠가 내가 좋아하는 어른과 만나서 말씀을 나누던 중 마음이 울려 가슴이 찡했던 적이 있다. 그분은 태어날 때부터 다리 한쪽이 불편한 소아마비를 앓은 분이었다. 그분은 두 다리를 가진 사람들이 더 불행하다면서 짜증 내고 힘들어 하는 그들이 안타깝다고 했다. 그분은 팔다리 네 개를 전부 움직일 수 있는 사람은 행복이고, 한 다리가 불편해 세 부위만 움직일 수 있는 자신은 행운이라고 했다. 신이 계신다면 이제는 그보다 힘든 고통은 주지 않을 것이기 때문에 앞으로의 모든 일을 너그럽게 받아들일 마음의 준비가 되어 있어서 행운이라고 했다.

우리는 평범한 행복에 감사의 마음을 가지지 못할 때가 많다. 하루하루의 삶을 행복이나 행운으로 여겨 고마워하며 즐겁게 지내도 되는데 말이다. 행복과 행운은 비워야 채울 수 있다. 그렇게 해야 더 가벼워져서 감사하는 마음도 생기는 것이다.

멋있고 맛있는 인생 레시피　　　　　　　　　비우며 살자

일주일에 하루 날 잡아 책장, 서랍, 옷장을 정리하세요. 일주일이 벅차면 한 달에 한 번이라도 좋습니다. 자기 집과 자기 인생에 건강하고 행복한 기운이 돌게 하려면 가진 것들을 가끔 비울 줄 알아야 합니다. 짐이 적은 인생이 가볍고 행복합니다. 안 읽는 책, 안 입는 옷은 과감하게 사회라는 큰 바다로 흘려보내십시오.

마음을 자꾸 퍼내면 맑아진다

버림으로써 얻으리라.

그대여, 탐내지 말라.

-《우파니샤드》

물이 고이면 썩듯이 마음도 고이면 썩을까? 물이 어딘가로 흘러가듯이 마음도 어디론가 흘러가야겠지? 마음을 퍼낸다는 말이 있다. 마음을 퍼낸다란 비우고 내려놓는 것과 무슨 관계일까? 마음을 퍼낸다는 것과 마음을 비운다는 것은 같은 의미인가? 이걸 마음 다이어트라고 해도 될까?

웃음을 자꾸 퍼내면 웃음 맥이 뚫리고, 사랑을 자꾸 퍼내면 사랑 맥이 활짝 뚫린다. 베풂을 자꾸 퍼내면 베풂의 맥이 넉넉해진다. 용서를 자꾸 퍼내면 그렇게 어렵던 용서도 잘할 수 있게 된다.

스스로 잘났다는 생각, 자기는 대우받아야 한다는 오만으로 사람들은 제 마음을 퍼내지 못한다. 마음이 무겁다는 말을 한다. 마음을 퍼내지 않아서 그렇다. 나는 식품영양학자답게 마음 다이어트라는 말을 종종 쓴다. 여러 가지 마음이 고이고 쌓이니 마음은 물론 몸도 무거워서 비워야 함을 강조하는 것이다. 물이 고이면 썩듯이 마음도 고이면 썩는다. 마음이 잘 흘러가도록 물꼬를 터 주어야 한다. 그래야 마음도 건강해지고 몸도 건강해진다.

스트레스가 쌓인다고 말한다. 마음이 고이는 신호다. 스트레스도 흘러가게 해야 한다. 스트레스가 쌓이면 핏줄이 막히는 느낌을 받곤 한다. 몸에 즉각적인 신호가 온다. 마음이 건강한 사람이 몸도 건강한 법이다. 마음이 건강하려면 자주자주 퍼내야 한다. 그렇게 해서 가벼운 마음으로 하루를 살아야 한다. 마음이 무거우면 몸도 무거워지는 것이 자연법칙이다.

세상에서 가장 먼 거리가 머리에서 가슴까지라는 말이 있다. 몸을 다이어트하는 건 쉬워도 마음을 다이어트하기란 어려운 법이다. 어떻게 해야 마음을 가볍게 할 수 있을까? 우리 마음은 걱정, 불안, 초조, 분노, 욕심, 시기, 질투 등 다양한 짐을 지고 산다. 단 하루라도 짐에서 자유로우면 마음과 몸이 가벼울 것이다.

마음의 짐 중에 욕심이 제일 무거울 것이다. 세상 편하게 살고 싶다면 먼저 마음이 가벼워야 한다. 그것만 생각하면 된다. 돈이 많다고 편한 것이 아니다. 권력이 있다고 편한 것도 아니다. 사람이 유명해지면 불편함이 더 많다. 일단은 사람들의 시선이 불편하다.

하나를 얻으면 하나를 잃는 인생이다. 모두 가지려면 불편해지고 마음이 무거워진다. 마음을 무겁게 하는 가장 큰 원인 중 하나가 욕심이다. 욕심이 많으면 마음이 무거워진다.

마음을 덜어 낸다는 것은 욕심도 비우고 집착도 버리는 것이다. 마음속에 든 안 좋은 노폐물들을 내보내야 한다. 잘나가는 사람들 중에도 사소한 집착과 욕심으로 공든 탑을 무너뜨리는 경우가 많다.

욕심에 관한 유명한 일화로 원숭이 사냥 얘기가 있다. 원숭이는 약삭빨라서 잡기가 무척 힘들다. 녀석들을 잡으려면 욕심을 이용해야 한다. 먼저 큰 상자에 무거운 돌덩이와 튀긴 닭다리를 넣어 두고 딱 원숭이 손목이 들어갈 크기만큼만 구멍을 뚫는다. 원숭이가 닭다리를 쥐려고 손을 넣은 순간 사람들이 밧줄을 가지고 달려든다. 닭다리를 놓고 손을 빼면 쉽게 도망갈 텐데 원숭이는 그렇게 못 한다. 원숭이의 작은 욕심 때문에 그렇다. 어디 원숭이만 그럴까? 사람도 작은 욕심에서 빠져나오지 못하고 자유롭지 못하다.

인생을 편하게 살려면 욕심부터 자주 버려야 한다. 욕심 버리는 연습을 해야 한다. 하루에 한 가지씩은 꼭 버려야 한다. 하루에 한

번씩 배설하듯 하루에 한 가지씩 욕심을 버려야 한다. 과한 욕심은 몸과 마음의 주인 행세를 한다. 아마도 사람들 대부분이 욕심의 종으로 살고 있을 것이다. 자기가 주인이 되어 인생을 멋대로 살려면 욕심을 줄이는 것이 중요하다. 방하착放下着이란 말이 있다. 집착하는 마음도 내려놓고 어리석은 아집도 내려놓으라는 말이다.

어쩌면 세상에서 가장 무겁고 질긴 것이 자신의 마음이다. 내려놓으려고 그렇게 애를 써도 나를 칭칭 감고 놓아주지 않는다. 남이 붙잡고 있는 것이 아니다. 내가 나를 붙잡고 늘어지는 것이다. 물 위의 달이 달일 수 있는 이유는 물에 비친 달빛 때문이 아니다. 달을 보는 자신의 마음 때문이다. 모든 행동과 결과는 결국 마음에서 비롯된다.

배우 손숙님과 신구님이 출연한 연극 〈3월의 눈〉에 나오는 대사가 있다.

"섭섭헐 것두 없구, 억울헐 것두 없어. 이젠 집을 비워 줄 때가 된 거야. 내주고 갈 때가 온 거지. 그러니 자네두 이젠 다 비우고 가게. 여기 있지 말구. 여긴 이제 아무것두 없어, 아무것두."

헤어짐도 비움도 당시에는 아프지만 사랑도 사람도 우리 인생에 다시 채워지는 것이 아닐까? 산이 깊으면 계곡이 깊은 법이다. 실망을 줄이려면 기대를 낮추면 된다. 안 되는 일에 허망한 기대를 하면 아픔만 생긴다. 일에 대한 기대, 사람에 대한 기대를 비워 버리는 연습이 필요한 인생이다.

우리 주변에는 무게에 민감한 사람들이 많다. 자기 몸무게 1그램 늘어나는 것에도 민감하다. 이렇게 생각해 보자. 우리는 육체의 무게만 재지 마음의 무게는 재지 않는다. 우리 마음도 분명 무게가 있지 않을까? 마음이 무겁다는 말을 하지 않는가.

마음에도 무게가 있다. 체중계에 재면 나오지 않지만 말이다. 우리는 눈에 보이지 않는 것의 가치보다 눈에 보이는 것의 가치를 보다 중요시한다. 그래서 육신의 무게는 잘 알고 대처하지만, 마음의 무게는 보이지 않는다고 무시해서 제대로 대처하지 못한다. 마음 다이어트가 힘든 이유가 여기에 있다. 마음을 가볍게 하려면 모든 일에 지나치게 예민해지지 않고 인연에 연연하지 않아야 한다. 스스로 짊어진 짐을 조금 덜어 내고 가볍게 걸어가면 된다.

몸과 마음은 동시에 함께 가벼워야 한다. 어느 한쪽이 더 무겁거나 가벼우면 조화롭지 않다. 몸을 가볍게 하면서 마음도 가볍게 하는 훈련을 해야 한다. 탄수화물을 줄이면서 명상을 늘리고, 술을 줄이고 차 마시는 습관을 늘려 마음의 평화를 자주 가지면 좋다.

다이어트의 최대 적은 불규칙한 식사 습관과 스트레스로 인한 과식이다. 잘 먹었으면 잘 비워 주어야 하는데 우리는 비움에 인색하다. 입으로 들어가는 만큼 뒤로 배설하는 것이 우리 몸에 얼마나 중요한지 잊고 산다. 나도 예전에 단식을 해봤다. 배를 비우니 몸이 가벼워지고 머리도 맑아지는 느낌을 받았다.

채우기 급급한 우리 인생을 한 번쯤 비워야 한다. 그래야 자기 몸의 순환이 이루어진다. 두 다리를 가진 사람이 잘 비우려면 두 다리를 잘 활용하면 된다. 잘 걷고 잘 달리면 자기 몸의 노폐물이 자연스럽게 빠져나온다. 그런 점에서 산책은 몸과 마음을 비우는 최고의 방법이다. 괴테는 그걸 예전부터 터득한 아주 지혜로운 사람이다. 나도 일이 안 풀리면 캠퍼스를 천천히 걷곤 한다. 걷다 보면 잡생각도 사라지고 정신이 맑아진다.

임희숙의 노래 〈내 하나의 사람은 가고〉라는 가사에 "등이 휠 것 같은 삶의 무게여"라는 구절이 있다. 그 무게가 뭘까? 바로 욕심의 무게다. 사람으로 태어나서 욕심 줄이기란 보통 힘든 일이 아니다. 욕심은 찰거머리 같다. 잘 없어지지도 않는다. 아마도 죽어서야 없어질 것이다.

달마 대사와 제자인 혜가 대사가 주고받은 대화를 들어 보자. 혜가 대사가 말한다.

"스님, 제 불안한 마음을 편안하게 해주세요."

달마 대사가 답한다.

"그럼 네 마음을 내놓아라. 내가 편안하게 해주마."

한참 고민하던 혜가 대사가 답한다.

"제 마음을 찾으려 해도 찾을 수가 없네요."

달마 대사가 마무리한다.

"내가 이미 네 마음을 편안케 했도다."

욕심만큼 많이 가지고 다니는 것이 불안, 두려움, 근심, 걱정이다. 모두 내려놓아야 일상이 평화로워진다. 욕심을 내려놓으면 부담이 줄고, 불안을 내려놓으면 평화가 찾아온다.

우리는 나이 들어 가면서 내려놓으면 더 편해진다는 사실을 깨닫는다. 그렇게 깨닫는 사람이 잘 사는 사람이다. 육신의 무게만 내려놓지 말고 마음의 무게도 내려놓는 연습을 해야 한다.

〰〰〰〰〰〰〰〰〰〰〰〰〰〰〰〰〰〰〰〰〰〰

멋있고 맛있는 인생 레시피　　　　　마음을 가볍게 하자

걱정을 많이 한다고 세상이 바뀌지 않습니다. 마음에 욕심이 가득 차면 새로운 복이 들어올 여지가 없습니다. 누구한테 잘 보이기 위한 마음, 누구보다 잘나고 싶은 마음, 누구보다 잘살고 싶은 마음을 내려놓으십시오. 자기 마음속에서 욕심을 버리는 연습을 하십시오. 하루에 하나씩 욕심만 내려놓아도 마음이 가벼워지고 일상이 가벼워집니다.

〰〰〰〰〰〰〰〰〰〰〰〰〰〰〰〰〰〰〰〰〰〰

스스로 기쁘고 남도 기쁘게 하는 방법

기쁨은 사물 안에 있지 않다,
그것은 우리 안에 있다.
- 리하르트 바그너

자기 혼자만 잘살려고 아등바등하는 사람이 많다. 옆집이 어떻게 사는지는 관심조차 없다. 심지어 못살고 힘없는 사람들을 멸시하는 일이 비일비재하다. 내가 식품영양학 전문가라서 하는 말이 아니다. 사람들이 뭘 잘못 먹은 것 같다. 잘못된 음식을 먹어서 잘못된 일만 저지르는 것 같다. 과연 우리 사회는 더불어 사는 사랑을 하고 있을까? 예전보다 이기적인 사랑이 가득한 요즘이다.

이집트인들의 교훈 중에 사람이 죽어 신에게 불려 가면 천국에 갈지 지옥에 갈지 결정하는 질문 두 마디가 있다고 한다. 인생에서 기쁨을 찾았는가? 남에게 기쁨을 주었는가? 나 혼자 잘살면 재미 없다. 같이 잘살아야 재밌다. 사람은 무리 속에 있어야 힘이 난다. 물론 혼자 있어야 좋을 때도 있다. 그러나 늘 혼자 있을 수는 없다. 아프리카 속담에 이런 말이 있다.

"빨리 가려면 혼자 가라. 그러나 멀리 가려면 여럿이 가라."

함께 손잡고 가야 한다. 요즘 사람들은 손을 잡기는커녕 내미는 손을 뿌리치고 심지어는 발로 차 버리기까지 한다. 자기만 살려는 것이다. 아주 큰 문제이다.

현대인에게 가장 필요한 것이 배려이다. 상식 이하의 행동들을 보면 배려 지수가 제로라는 생각이 든다. 돈도 그렇고 사랑도 그렇다. 그저 가지려고만 하고 나눠 주려고 하지 않는다. 더불어 같이 살려면 함께 웃어야 하는데 우리는 그렇지 못해 너무 아쉽다. 스스로도 기쁘고 남도 기쁘게 하는 방법에는 무엇이 있을까? 마음 퍼주기처럼 나누고 베풂이 필요하다. 마음이 꽂힌《탈무드》의 구절이 있다.

"한 개의 촛불로 많은 촛불에 불을 붙여도 처음 촛불의 빛은 약해지지 않는다."

내가 가진 것에서 무엇을 주었다고 해서 약해지지 않는다. 그러니 아까워할 필요가 없다. 촛불을 생각한다면 나눔과 베풂에 주저

할 이유가 없다.

혼자 있기를 좋아할 것 같은 니체도《인간적인 너무나 인간적인》에서 함께의 행복을 이야기한다.

"함께 침묵하는 것은 멋진 일이다. 그보다 더 멋진 일은 함께 웃는 것이다. 두 사람 이상이 함께 똑같은 일을 경험하고 감동하여 울고 웃으면서 같은 시간을 보내는 것은 너무나 멋진 일이다."

두 사람 이상이 똑같은 일을 경험한다는 것이 더불어 사는 행복이다. 우리는 이미 광화문 광장에서 그런 경험을 했다. 로버트 슈워츠의《웰컴투 지구별》에는 기쁨의 파동이라는 말이 나온다.

"비록 산꼭대기에서 혼자 살고 있는 사람이라 할지라도 기쁨의 느낌을 만들어 냄으로써 다른 이들이 기쁨을 느끼는 데 도움이 되는 파동을 보낸다."

혼자 사는 것이 대세인 요즘이지만 혼자 산다고 기운과 파동마저 혼자인 것은 아니다. 2017년 대한민국은 각자도생이 트렌드가 된 듯하다. 나 혼자만 잘살면 정말 행복한가. 경제적으로도 각자도생이 행복을 가져다주는가.

2011년 세계 1위 해운사인 머스크는 컨테이너 18,000개를 한번에 실을 초대형 컨테이너선 20척을 주문했다. 운임비를 획기적으로 낮춰 경쟁사를 따돌리겠다는 전략이었다. 이듬해 머스크는 운임

비를 대폭 낮추는 데 성공한다. 그러자 다른 해운사들도 가만히 있지 않았다. 대형 선박을 앞세워 운임 경쟁과 합병에 같이 나섰다. 결국 지나친 가격 경쟁으로 전 세계 해운 업체들의 실적은 악화되었다. 독식을 꿈꾸었던 머스크 역시 2016년 1분기 순이익이 전년보다 86%나 감소했다. 남을 지게 만드는 것이 내가 이기는 것은 아니다.

예로부터 베풂의 향기는 천 리를 가고, 베풂을 실천한 자의 인품의 향기는 만 리를 간다고 했다. 콩 하나도 나누어 먹는 우리의 아름다운 풍속도 있었다. 돈이란 돌고 도는 것이다. 가진 자가 부족한 자에게 조금만 나누어 서로 공존하는 베풂의 향기가 천 리를 가게 하자.

역사상 존경받는 사람들은 타인을 지극히 사랑하고 베풀었다는 공통점이 있다. 그런 사람들이 우리 눈에 잘 안 띄는 이유는 세상에 제대로 알려지지 않아서이다. 희한한 게 나쁜 일은 자세히 알려지지만 좋은 일은 잘 알려지지 않는다. 오른손이 하는 일을 왼손이 너무 모른다. 그래서 그런 사람의 은덕을 쉽게 잊는다.

돌아오는 것이 없으니 서운할 수도 있다. 그러나 진정한 의미의 베풂은 조건 없이 아낌없이 주는 행위이다. 무언가 보상을 바라거나 고맙다는 말을 기대하면 덕을 베풂이 아니라 거래이다. 이런 노래가 있다.

"혼자 소리로는 할 수 없겠네. 둘의 소리로는 할 수 없겠네. 둘과 둘이 모여 커다란 함성 될 때 저 어리석은 자 깨우칠 수 있네."

사실 개개인의 힘은 참으로 미약하다. 하나둘 모여 같은 목소리를 내면 세상을 바꿀 수도 있다. 나 스스로 묻고 한다. 나는 '그 사람 없이는 살아갈 수 없는 사람'과 '누구에게도 기대지 않고 혼자서 살아가는 사람' 중에서 어느 쪽인가. 나는 두 사람을 왔다 갔다 한다.

'누구에게도 기대지 않고 혼자서 살아가는 사람'은 스스로 살아가는 자립의 개념이다. '그 사람 없이는 살아갈 수 없는 사람'은 더불어 살아가는 공존의 개념이다. 우리는 두 개의 다리로 세상을 걸어간다. '당신 없으면 살아갈 수 없다'는 말은 나의 무능이나 결핍을 실질적으로 인지하는 발언이 아니다. 오히려 '그러니까 당신이 앞으로도 건강하게 살길 바란다'는 건강과 행복을 기원하는 덕담일 것이다.

자기 주변에 건강과 행복을 빌어 주는 이가 많은 사람은 그렇지 않은 사람보다 건강과 행복을 누릴 가능성이 크다. 축복이란 본질적으로 상호적이기 때문이다.

멋있고 맛있는 인생 레시피   보람 있게 살자

인생을 보람 있게 사는 방법은 의외로 간단합니다. 많이 웃고, 인생을 즐기고, 스스로를 건강하게 하고, 행복하게 살면서 남을 기쁘게 하면 저절로 보람 있는 삶이 됩니다. 보람은 뿌듯함입니다. 하늘을 올려 보며 하느님에게 이야기하십시오. "나, 오늘 잘했죠?" 이런 일을 많이 만드십시오. 하느님에게 자랑할 만한 일을 많이 만드십시오.

사람은 누구나 변한다.

나쁘게 변하면 썩고 좋게 변하면 발효된다.

기왕이면 발효되는 인생이어야 한다.

발효되어서 누군가에게 도움이 되는 인생이어야 한다.

발효는 누구를 의식하지 않는다.

그저 자신 속에서 새로운 변화를 스스로 만들어 낸다.

인생으로 보면 자발적 성숙이다.

물론 외부 환경의 변화도 중요하다

그러나 최소한 숙성되고 발효되기 위한

자기 본질을 갖추어야 한다.

썩을 것이냐, 발효될 것이냐?

답은 자기 자신에게 있다.

인생,
썩히지
말고
발효시켜라

사람은 누구나 변하지만 썩지는 말자

모든 사람들이 세상을 변화시키는 것을 생각한다.
하지만 자신을 변화시키는 것은 누구도 생각하지 않는다.
– 톨스토이

영화 〈500일의 썸머〉에 나오는 말이 있다.

"People change(사람은 변한다). Feelings change(느낌도 변한다)."

세상은 변한다. 음식도 변하고, 사람도 변하고, 사랑도 변한다. 음식도 처음에 만들어 놓으면 먹음직스럽고 싱싱해 보이지만 시간의 바이러스는 견디지 못한다. 맛있는 김장 김치를 만들어 놓아도 보관을 잘못하면 금방 맛이 변한다. 특히 여름에 음식 보관을 잘못하면 맛이 금방 달라진다.

조미료를 많이 친다고 음식 맛이 오래가는 것이 아니다. 오히려 조미료 친 음식이 더욱 빨리 변한다. 조미료는 수식이나 포장과 같다. 너무 과한 수식은 본질을 왜곡한다. 본질에 자신이 없으면 수식을 남용한다.

문장에 느낌표를 남발하는 사람이 있다. 상대는 문장을 보고 느낌이 안 가는데 본인만 느낌표를 강제적으로 남들에게 주입시키는 것과 같다. 이때 느낌표는 본질이 충실하지 않은 것에 포장만 열심히 하려는 조미료라 할 수 있다.

현대인은 냉장고에 편리하게 음식을 보관하지만 옛날 사람들은 냉장고가 없어서 조금 만들고 적당히 먹으며 살았다. 굳이 보관해야 한다면 땅을 파서 김치를 묻고 토굴에 농작물을 저장했다. 그러다 보니 안 먹는 음식을 쌓아 두는 경우도 없었고, 요즘처럼 음식 낭비도 하지 않았다.

음식은 변한다. 아무리 맛있는 음식도 시간을 견딜 수는 없다. 사람도 변한다. 아무리 멋있는 사람도 주름살이 생기고 지식과 지혜의 총량도 달라진다. 변하지 않는 것이 뭘까. 옛날 어머니가 만들어 주신 음식 정도이지 않을까. 그것도 음식 맛은 변할 수밖에 없다. 다만 어머니의 손맛은 변하지 않는다는 정도일 것이다. 어머니가 만들어 주신 음식은 20~30년이 지나도 그대로 같다. 그래서 삶이 힘들 때면 어머니의 손맛을 그리워하며 비슷한 음식을 찾는다.

사람도 변한다. 변한다는 말에는 두 가지 의미가 있다. 하나는 변질이 되어서 상한다는 의미이고, 또 하나는 숙성이 되어 발효가 된다는 의미다. 음식도 그렇고 사람도 그렇다. 나쁜 환경에 노출되면 상하고 썩는다.

'근묵자흑近墨者黑'은 음식과 사람 모두에 해당되는 사자성어다. 질 나쁜 사람들과 어울리다 보면 당연히 나쁜 물이 든다. 주변을 돌아보면 가끔 악취가 풍기는 사람들이 있다. 내면이 성숙되지 않은 사람들에게서 나는 악취다. 가식적이고, 물질을 뽐내려 하고, 누군가를 업신여기고 깔보는 사람들이 악취를 낸다. 악취가 나면 사람이 붙지 않는다. 악취를 이용하려는 사람은 있어도 악취가 좋아서 덤벼드는 사람은 없다.

청춘은 악취가 나서는 안 되는 시기다. 삶의 희망과 열정으로 봄날 활짝 피는 꽃 냄새가 가득한 시기다. 그럼에도 악취가 나는 청춘이 있다. 남을 배려하지 않는 청춘들이 악취를 내는 대표적인 경우이다.

반대로 발효가 되는 사람들은 어떤 사람들일까. 내 생각에 발효는 자기 안의 변화이다. 외부 환경과 결합되어 자기 내면에 무언가 다른 성질의 변화를 일으키는 것이다. 좋은 책을 읽거나 좋은 사람을 만나거나 좋은 영화를 보며 감동을 받는 외부 환경이 내면의 잠재된 본질과 결합되어 성숙한 인간으로서의 긍정적인 발효가 시작된다.

좋은 음식이 사람들을 건강하게 변화시키듯이 발효가 잘된 좋은 사람들은 자기뿐만 아니라 다른 사람들을 변화시킨다. "야, 저 사람 참 멋있다"고 감탄을 자아내는 사람들은 발효가 잘된 경우이다. 방송을 하거나 강의를 하다 보면 그런 사람들을 종종 본다.

사람이 발효된다는 것은 나이와 관련 없다. 젊은 청춘들도 제대로 발효될 수 있다. 가정 환경이나 유전적으로 좋은 영향을 받았기 때문일 것이다. 물론 발효가 반드시 좋은 환경에서만 가능한 것은 아니다. 청춘의 시기가 힘들어도 발효의 과정이라고 생각하면 힘을 낼 수 있다. 인생에서 꼭 필요한 과정이다. 아픈 만큼 성숙해진다는 말은 인생의 진리다. 아픔의 과정을 겪어야 보다 가혹한 시련 앞에서도 견뎌 낼 힘을 얻는다.

이별의 아픔을 알아야 진정한 사랑에 눈을 뜨고, 절망의 끝에 서 본 사람만이 희망의 동아줄을 잡는다. 한번 감기 몸살을 앓으면 면역력이 생긴다. 그것이 몸의 발효다. 정신적 몸살을 앓은 사람에게는 단단한 의지력이 생긴다. 그것이 정신의 발효다. 썩어 가는 것은 수동적이지만 발효는 능동적인 변화다.

좋게 발효되기 위해서는 정성과 노력이 필요하다. 좋은 된장과 고추장을 만들기 위해 얼마나 많은 정성이 필요한가. 좋은 것은 그냥 주어지지 않는다. 그것이 인생의 진리이고 음식의 본질이다.

발효란 미생물의 생리 활동에 의해 일어나는 생화학 변화이다. 유기물이 산화 환원 또는 분해 등에 의해 유익한 다른 물질로 변화하는 현상을 가리킨다. 발효 식품에 들어 있는 효소는 영양 성분을 분해하고 분해된 물질로부터 새로운 물질을 만들어 내는 반응이 일어나도록 촉매 작용을 하는 물질이다. 즉, 모든 생명체의 세포에서 만들어져 생체 활동에 촉매 역할을 하는 고분자 단백질이 바로 발효된 효소이다.

우리나라 사람은 발효 식품에 친숙하다. 된장, 간장, 고추장, 청국장, 묵은 김치, 식초, 산야초 효소, 매실 효소 등 우리는 발효된 음식들에 둘러싸여 살고 있다. 음식은 발효된 음식을 먹는데 왜 정신은 좋게 발효시키지 않고 썩게 하는가? 이런 질문을 하는 순간 정신에 긍정적 발효의 순간이 온다.

중국의 백이와 숙제 같은 사람은 인덕을 쌓고 행실을 깨끗이 했음에도 굶어 죽었다. 공자의 제자들 중에서도 가장 학문을 좋아했던 안회는 항상 가난해서 거친 음식조차 배불리 먹지 못하고 끝내 요절하고 말았다. 하늘이 착한 사람에게 보상해 준다고 한다면 말이 안 되는 상황이다.

이른바 썩어 가는 사람들이라고 불리는 도적들이 판치며 나라를 쥐었다 폈다 한다. 이런 모습을 보면 썩어 가는 것이 좋은지, 발효되는 것이 좋은지 헷갈리기도 한다. 이런 현상들을 보며 의문을 가지고 어떤 길이 올바른지 고민하는 삶이 바로 긍정적 발효로 가는 과정이다. 우리 삶은 끊임없는 질문의 연속이다. 왜 이렇게 살아야 하는가 묻는 과정 속에서 인생의 맛을 느끼고 발효의 순간을 맛보는 것이다.

가끔 마음속의 장독대를 열어 보라. 발효되고 있는지 썩고 있는지 확인해 볼 필요가 있다. 자기 주변에 어떤 사람들이 있는지 살펴보라. 좋은 사람들이 많다면 성공적으로 발효되는 인생이다.

멋있고 맛있는 인생 레시피　　　　　웃는 사진을 많이 보자

기왕이면 화난 사람들의 사진보다 웃는 사람들의 사진을 보세요. 조금 더 적극적으로 환하게 웃는 사람들의 사진을 모아 보세요. 이빨 다 빠진 할아버지가 활짝 웃으시는 모습이나 아이들의 천진난만한 웃음을 보면 마음속의 먹구름도 자연스럽게 걷힐 겁니다.

인생 발효, 환경이 중요하다

자기가 알고 있는 것을 연구하며
자기가 사랑하고 있는 사람을 고쳐 보는 것,
이것이 곧 성숙한 인간의 즐거움이다.
- 생트 뵈브

이외수 선생님의 《하악하악》이라는 책에서 내 가슴에 바람을 일으키는 구절을 읽은 적이 있다.

"시간이 지나면 부패되는 인간이 있고 시간이 지나면 발효되는 인간이 있다. …… 그대를 썩게 만드는 일도 그대의 선택에 달려 있고, 그대를 익게 만드는 일도 그대의 선택에 달려 있다."

음식이 발효되듯 우리 인생도 발효된다. 음식이 발효가 잘되려면 좋은 항아리, 좋은 물, 좋은 바람, 좋은 햇볕이 필요하다. 좋은 발효를 위한 환경 조건이다. 인성이 좋은 사람의 가정 환경과 같은 조건이다.

나는 금수저, 흙수저라는 말이 불편했다. 태어나는 순간부터 자기 처지가 정해졌다고 보는 사고방식이 좀 유치하다고 생각했다. 물론 완고한 '강남 교육'의 자기변명 논리일 수도 있다. 돈 들여 공부를 시키면 더 좋은 대학 가고 더 좋은 회사에 들어간다는 논리는 초등학생도 아는 인생 계산법이다. 그러나 우리 인생이 그렇게 단순한 계산으로 흘러가지는 않는다. 주변의 지혜로운 선생님 몇 분에게 물어봐도 답이 나온다. 사람이 발효되려면 환경이 중요하지만, 아무리 좋은 환경도 본질이 갖추어지지 않으면 좋은 방향으로 발효될 수 없다.

청춘이여, 환경 탓을 하지 말자. 덧붙여 부모 탓도 하지 말자. 어떤 환경이든 내가 인생을 즐길 자세가 되어 있으면 된다. '개천에서 용 안 나온다'는 세상의 비아냥거림을 걷어찰 용기가 필요하다. 내면에 감춰진 보석을 발견하지는 못할망정 본질과 상관없는 이유로 사람을 깎아내리는 유치한 선 긋기에 넘어가서는 절대 안 된다.

좋은 발효는 나쁜 균에 맞서는 힘을 가지고 있다. 성공적인 인생을 위해 꼭 반에서 1등을 해야 하고, 영어를 잘해야 하고, 세계 곳곳을 돌아다녀야 한다는 공식은 없다. 남들이 만들어 놓은 공식에

기죽지 말라. 남이 만들어 놓은 그릇과 환경에서는 내가 좋은 방향으로 발효될 수가 없다. 내가 발효될 항아리는 내가 만들어야 한다.

그럼 어떤 환경에서 좋은 발효가 나올까? 된장이나 고추장의 경우 햇빛, 바람, 물 등의 외부 환경이 매우 중요하다. 나쁜 환경은 견뎌 내고 좋은 환경은 흡수하며 발효되기 때문이다. 사람도 그래야 한다. 나쁜 환경을 견뎌 내는 힘을 지니고 있어야 한다. 견뎌 내지 못하면 바로 썩는 인생이 된다.

순풍은 사람을 약하게, 역풍은 사람을 강하게 한다. 견뎌 내는 힘을 발효라고도 하지만, 나쁜 균에 지지 않는 면역력일 수도 있다. 실패를 많이 한 사람은 삶의 살이 단단한 사람이다. 조금 힘든 일이 있어도 그까짓 것 하면서 헤쳐 나간다. 자기 본질을 잃지 않고 자기 희망만 잃지 않으면 언젠가는 숙성되어 세상을 위해 좋은 역할을 할 것이다.

평생 어두운 터널만 지나가는 인생은 없다. 아무리 힘든 일도 결국은 지나간다. 결국은 자기의 문제이고, 결국은 시간의 문제이다.

사람에게 환경적 문제는 단순히 물리적 환경이 아니라 인간적 환경일 수도 있다. 직장 내 스트레스 중 가장 큰 것이 인간관계이다. 어떤 사람이든 인간관계는 쉽지 않다. 모든 사람에게 맞출 수는 없다. 어차피 자기 생긴 대로 사는 인생이라면 인간관계도 너무 눈치 볼 필요가 없다. 피해를 입히지만 않으면 된다. 나머지는 자기 식대로 밀고 가라.

나를 올바르게 발효시키기 위한 좋은 인간관계는 너무 깊이 사귀지도 너무 얕게 사귀지도 않는 것이다. 고슴도치나 난로 사랑을 이해하면 된다. 난로에 너무 가까이 손을 대면 손이 데인다. 고슴도치 가시에는 찔린다. 인간관계도 적당한 거리가 필요하다. 그래야 서로가 숙성될 여유가 생긴다.

저 사람 때문에 내가 발전을 못 한다고 환경 탓을 하지 말라. 나를 보호하고 숙성시키기 위해서는 능동적으로 거리를 두는 지혜가 필요하다. 나쁜 놈은 하늘이 알아서 벌을 준다. 그놈 생각하면서 이를 갈고 밤잠 못 자면 나만 손해다. 차라리 그 시간에 자신을 위한 투자에 힘을 쏟는 편이 좋다. 책을 읽거나 음악을 듣거나 자신을 좋게 발효시키는 최적의 환경을 찾자.

나쁜 것들도 세상에 존재하는 이유가 있다. 나쁜 사람들은 그냥 해충이라고 생각하면 된다. 버러지 같은 인간이라는 의미다. 아예 없어질 존재가 아니라 지구상에 같이 살아가는 해충이나 독성이 있는 나물과 같다. 몸에 좋은 줄 알고 먹었는데 사람을 죽게 하는 독버섯 같은 것도 있다. 독충들도 나름 지구상에 존재를 해야 된다. 그래야만 자기들끼리 다른 작용을 한다. 우리는 독한 식물을 가지고 인류에게 유익한 약을 만들기도 한다. 그러니까 나쁜 것들을 어떻게 응용할지가 중요하다.

환경 문제도 단순히 적응할지, 나름 나에게 맞게 응용하고 다른 방향으로 발전시킬지가 중요하다. 환경을 탓하지 말고 환경 자체를 내게 맞게 변형시켜야 한다. 환경에 수동적으로 대응하면 썩어 가겠지만 환경에 능동적으로 대처하면 잘 발효될 수 있다.

다시 발효 음식으로 돌아가 보자. 발효 음식은 정성이 많이 들어간다. 우리가 즐겨 먹는 김치, 장류, 요구르트 등은 미생물이 지닌 효소를 이용해 유기물을 분해하는 발효 과정을 거친다. 단시간에 얻어지는 식품이 아니어서 오랜 정성과 보살핌이 필요하다. 정성과 시간에 보답이라도 하듯 발효 식품을 꾸준히 섭취한 집단이 장수한다는 연구 결과도 있다.

사람도 발효가 되려면 정성과 시간이 필요하다. 청춘에게 가장 필요한 영양소는 탄수화물, 단백질, 비타민이 아니라 끈기다. 끈기 있는 청춘이 끝내는 성공한다. 끈기 있게 자기를 가꾸어 가야 한다. 그럼 반드시 좋은 날이 오게 되어 있다.

영화 〈인턴〉에 나오는 70세 인턴은 발효된 인생이다. 영화 속 젊은 여성 CEO는 오랜 경험을 통해 인생의 가치와 노하우를 올바르게 습득한 노인 인턴을 만나 성숙한 CEO로 거듭난다. 만약 오랫동안 독단과 아집에 빠진 채로 노인 인턴을 만났다면 영화와 같은 해

피엔딩은 없었을 것이다.

　사람은 시간이 지날수록 발효가 될 수도 부패가 될 수도 있다. 시간이 지날수록 자신의 가치관과 삶을 성숙시켜 생각과 말에서 깊은 향이 우러나오는 사람이 되는 것은 쉽지 않다. 누구에게나 공평하게 주어진 시간을 부패의 시간으로 만들지 말고 두루두루 유익하게 발효의 시간으로 만드는 노력을 해야 한다.

멋있고 맛있는 인생 레시피　　　　　　능동적으로 살자

끌려가는 인생보다 끌고 가는 인생이 재밌습니다. 남의 입맛대로 살기보다 내 입맛대로 살면 기분이 좋습니다. 자신의 목에 걸린 인생의 목줄을 끊고 자기 식대로 나아가세요. 남의 가치관과 주관이 내 인생을 행복하게 하지 않습니다.

유해균이 나를 성숙하게 만든다

악마는 위대한 예술가요 위대한 학자다.
적어도 세계의 절반은 악마가 만든 것이다.
- 아나톨 프랑스

　나쁜 사람들이 많은 세상이다. 상식 이하의 행동을 하는 사람들이 너무 많다. 지구 밖으로 내보내고 싶을 정도다. 예전에 배추머리 개그맨 김병조가 한 말을 빌려 "지구를 떠나거라~"고 말하고 싶다. 하지만 우리는 나쁜 사람들하고도 살을 부대끼며 살아야 한다. 마치 음식에서 유해균과 유익균이 싸우듯이 말이다.

　비리를 저지른 사람들은 뻔뻔하기까지 하다. 누구나 죄지은 사실을 아는데 아닌 척한다. 보통 사람은 연기를 하라고 해도 그렇게 못한다. TV를 보다 화가 나서 마음의 평화가 깨지는 경우가 많다.

되도록 TV나 뉴스를 멀리하는 사람도 있다. 마음속에 나쁜 바이러스가 스며들 것 같아 일부러 피하는 것이다.

얼마 전 존경하는 김홍신 작가가 다음과 같은 우스개를 들려주셨다. 어느 동화 작가가 자기 책이 안 팔리자 어린 자녀에게 고민을 털어놓았다. 아이가 매우 정확히 지적을 한다. 아빠 동화에는 악당이 없어서 그렇다고. 맞다. 인생에는 늘 악당이 있기 마련이다. 세 가구, 네 가구가 사는 시골 마을에도 악당이 있다. 사람의 몸속에도 악당들이 많다. 악당들을 무찌르면서 우리 몸은 더 건강해진다.

악당 같은 병균들이 없으면 우리 몸에 면역력도 생기지 않는다. 몸의 세균들처럼 세상의 악당들도 보다 건강한 사회를 만들기 위해 면역력을 만들어 주는 환경의 하나이다. 이런저런 나쁜 놈들을 만났기에 대처 능력이 생기는 것이리라.

몸속에 균이 있듯이 우리 마음속에도 안 좋은 균들이 많다. 하루에도 수십 번 좋은 생각과 안 좋은 생각이 마음속에서 싸운다. 싸움에서 좋은 생각의 승률이 높지 않아 문제다. 마음속 악당들이 몸속 악당보다 질긴 것 같다.

미움, 시기, 질투, 원망, 욕심, 분노, 좌절, 이기심 등이 마음속 어딘가에 나타났다 다시 없어졌다고 생각했는데 갑자기 튀어나와서 마음을 꼼짝 못 하게 한다. 그런 애들을 마음속에서 몰아내려고 싸우다 보니 우리 마음에도 면역력이 생긴다. 마음속 악당들도 결국은 나의 분신이다. 그들을 부정할 게 아니라 어떻게 대처할지를 생각해야 한다. 없으면 좋겠다고 생각하지 말고 어떻게 달래서 내보낼까를 생각하면 된다.

우리 몸에는 독으로 존재하는 나쁜 곰팡이가 있는 반면 나쁜 곰팡이를 효과적으로 없애는 착한 곰팡이도 있다. 이에는 이, 눈에는 눈! 곰팡이는 곰팡이로 없애야 한다. 나쁜 균과 싸워서 이기려면 나쁜 세균을 공격하는 유익균이 몸에 많아야 한다.

발효 음료에는 착한 곰팡이와 착한 균이 많다. 착한 곰팡이 중에 누룩곰팡이는 술을 만들 때 사용하고, 푸른곰팡이는 블루치즈나 페니실린에 들어 있다. 어쩔 수 없이 술을 마셔야 한다면 누룩곰팡이가 들어 있는 막걸리 종류가 좋을 수도 있다. 막걸리 분위기가 아니라면 안토시아닌과 레스베라트롤이라는 항산화 성분이 가득한, 발효와 숙성주의 왕인 와인을 한두 잔씩 즐겨도 좋다. 자기 인생을 조금 더 사랑하려면 독성이 있는 술로 몸을 혹사하기보다 착한 곰팡이와 균으로 채워진 발효주로 좋은 기운을 불어넣으면 어떨까.

유해균도 다른 입장에서 보면 유익균일 수 있다. 악당도 때로는 상대적이고 아파야 낫는다는 말도 있지 않은가. 한번 심하게 앓고 나면 몸이 더 강해지듯이 말이다. 비 온 뒤에 땅이 굳는다는 말은 인생이나 우리 몸 모두에 적용되는 것이다.

나쁜 사람들을 보며 화를 내지 말자. 그들은 우리 인생의 거름일 뿐이다. 시골을 가다 밭에 뿌려진 거름의 독한 냄새를 맡고 화를 내지는 않는다. 그냥 냄새가 불편할 뿐이지 시간이 지나면 결국 우리에게 좋은 역할을 한다. 나쁜 사람들도 내가 나서서 무얼 어쩌겠다고 하면 안 된다. 똥을 만지면 내 손만 더러워진다.

나의 복수는 남이 해준다는 말이 있다. 나에게 나쁜 짓을 한 사람에게 복수하려고 칼을 갈고 에너지를 쏟지 말자. 결국 그놈은 자신과 비슷하거나 보다 업그레이드된 나쁜 놈을 만나 당하게 되어 있다. 눈으로 직접 확인하지 못했다고 성격 급하게 그놈을 개조하려고 덤비면 안 된다. 극렬하게 나쁜 놈도 영웅 대접받는 세상이기도 하기 때문이다.

참 지랄 같은 세상이다. 나쁜 놈은 아무리 메이크업을 해도 나쁜 놈이다. 똥을 예쁘게 포장한다고 바뀌지 않는다. 내용이나 본질이 워낙 안 좋은 놈들은 아무리 포장을 좋게 해도 나쁘다. 우리는 살아가면서 숱하게 많은 나쁜 놈들을 만난다. 그놈들을 만날 때마다 속상해하고 화내지 말자. '아, 이런 종류의 나쁜 놈도 있구나' 하면서 대처하는 방법을 키우자. 혼자 말고 같이 키우면 더 좋다. 그래야 세상의 면역력이 강해진다.

벌레가 싫지만 막상 없으면 자연이 잘 안 돌아간다. 생태계의 균형이 깨지는 것이다. 지구상에 뱀이 없으면 들쥐들 천지가 된다. 모기가 없으면 모기 유충을 먹고 자라는 잠자리를 볼 수 없다. 지렁이는 우리 지구를 살리는 대단한 생명체다. 만약 지렁이가 사라지면 우리 인류도 사라지지 않을까. 지렁이는 땅속의 트렉터이자 비료 공장이고 다목적댐이다. 지렁이는 쓰레기를 먹어 치우고 흙을 깨끗이 하고 땅을 기름지게 한다.

우리가 균이라고 해충이라고 꺼리는 것들도 어느 면에선 필요하다. 그들이 있어 지구가 건강하고, 그들이 있어 우리 인류가 살아갈 수 있다. 악당도 마찬가지다. 그들에 대처하느라 선한 것들의 힘도 세지는 것이다.

멋있고 맛있는 인생 레시피   악당에게서 배우자

세상 살다 보면 나쁜 놈도 필요한 법입니다. 오히려 녀석들이 가르쳐 주는 인생 노하우가 보다 탄탄합니다. 나를 배신하고, 모욕하고, 가지고 놀았던 악당들이 나의 마음을 더욱 단단하게 만들어 줍니다. 사람은 실패가 명약입니다. 악당은 인생의 역풍입니다. 사람은 역풍이 불면 강해집니다. 악당에 대처하며 생긴 몸과 마음속의 면역 세포는 당신이 더 멋있는 인생을 살도록 해줄 것입니다.

사람의 마디는 어디인가?

고난과 눈물이 나를 높은 예지로 이끌어 올렸다.
보석과 즐거움은 이것을 이루어 주지 못했을 것이다.
- 페스탈로치

　대나무는 가늘고 긴데 왜 모진 바람에도 안 쓰러지는 걸까? 속이
비었기 때문이다. 사람도 속을 비우면 어떤 고통도 견뎌 낼 힘이 생
긴다. 잘 비워야 더 튼튼해진다. 그런데 비우기만 한다고 강해질까?
강제적으로 비운다고 비워질까? 말은 쉽지만 실천으로 옮기기 힘
든 부분이다.

　인생에서는 채우기보다 비우기가 중요하다. 어렵다고 포기하지
말고 꾸준히 실천해야 한다. 나눔과 베풂은 인생에서 비우기의 좋
은 예이다. 나이 들수록 자기가 가진 것을 내놓을 줄 아는 마음이

필요하다.

속만 비운다고 사람이 강해질까. 속이 비어도 대나무처럼 마디가 없다면 갈라지고 부러진다. 마디가 있고 굴곡이 있는 인생이 오래오래 건강하게 산다. 사람의 마디는 좌절, 갈등, 실수, 실패, 절망, 아픔, 병고, 이별 같은 것이다. 굴곡과 고난과 고통들이 인생의 마디마디가 된다. 그 마디들을 넘어야 성장하게 된다. 순탄한 인생은 성장을 맛볼 수 없다. 실패는 하늘이 준 선물이다.

고난과 고뇌를 건너서면 사람은 아주 빠른 속도로 성장한다. 대나무는 마디를 지나는 순간 성장 속도가 엄청나게 빠르다. 나는 우리 삶의 고뇌들을 멘토라고 생각한다. 고뇌가 우리를 강하게 만들고 미래를 개척할 힘을 준다. 몸속의 암도 미워하지 말고 친구처럼 함께 살라는 말도 있다.

병도 즐기고 좌절과 아픔과 슬픔도 같이 어우러져 살아야 한다. 암을 미워하면 원망이 생기고, 그로 인해 죽음에 대한 공포와 불안이 생긴다. 결국 암세포를 키워 죽음에 이르게 한다. 우리 육신은 마음을 따라간다. 암을 이겨 낸 사람들의 이야기를 한번 들어 보라. 그들은 결코 암을 두려워하거나 미워하지 않는다.

우리나라 사람은 고난을 많이 겪었다. 전쟁도 많이 겪었고 가난하여 매우 힘들게 살기도 했다. 고난을 거치면서 민족성 자체가 성장했다. 어떤 고난 앞에서도 우리 민족은 놀라운 결집력을 보여 준다. 고난을 통해서 촛불이 피어오른다. 태안에서 일어난 기름 유출 사고 때도 온 국민이 나서서 기름띠를 제거했다. 세계가 그 장면을 경이롭게 바라보았다. 외환 위기 시절의 금 모으기 운동은 외국인들의 상식으로는 이해하기 힘든 사회 현상이었다.

지난날 장미꽃도 피지 않을 최빈국에서 세계 10대 무역 강국으로 급성장한 힘은 민족적인 고통과 고난을 겪으며 단련되었다. 역풍은 사람을 강하게 한다고 했다. 우리 앞의 고난과 고통은 우리를 더욱 성장시키는 큰 에너지가 된다. 고난 앞에서 좌절할 필요가 없다. 하늘이 무너져도 솟아날 구멍은 자기 안에 있는 것이다.

나는 순탄치 않은 인생들이 모두 대나무의 마디라고 본다. 나는 떨어질 줄 알면서도 의대를 지원하겠다고 고집부려 의과를 1지망, 식생활학과를 2지망으로 지원했다. 당시 내가 무조건 들어가겠다고 결정한 대학이 연세대학교였다. 의대를 가고 싶으면 커트라인이 낮은 학교에 가라는 아버지께 나는 무조건 연세대학교 의과 대학을 가겠다고 고집부렸다.

1지망은 배짱 지원으로 밑져야 본전이니 떨어져도 상관없다는 마음으로 의대에 지원했고, 2지망은 재수를 절대로 못 시킨다는 아버지의 뜻을 거역할 수 없어서 합격 점수가 비교적 낮았던 가정 대학에 지원했다. 그때의 학과 이름이 식생활학과였다. 학과 이름이 그게 뭐냐고 하는 사람도 있었다.

나는 의, 식, 주, 아동학 중에 사는 데 꼭 필요한 '식'을 선택했고, 그래도 건강과 가장 비슷한 식생활학과를 전공으로 선택했다. 그 후 시대는 바뀌고 나의 전공은 전혀 예측하지 못할 만큼 발전해 갔다.

순풍은 사람을 약하게 하고 역풍은 사람을 강하게 한다. 대나무의 마디는 사람에게 있어 역풍일 것이다. 계산대로 인생이 흘러가지 않는다고 불평할 필요는 없다. 지금 앞길을 가로막는 역풍은 자기를 성장시키는 아주 특별한 계기가 될 테니까.

청춘들도 고난의 시기이고 중장년들도 힘든 시기를 걷고 있는 요즘이다. 나라도 힘들다. 하지만 터널도 곧 끝이 보이듯 어떤 고난도 영원한 것은 없다. 힘든 시기를 걷고 있는 모든 이들에게 응원하고 싶은 한마디가 있다. 어차피 고난들은 지나가기에 너무 좌절할 필요가 없다는 말이다. 고난이 지나가면 비 온 뒤에 땅이 굳고 대나무가 마디마디마다 성장하듯이 빠른 속도로 성장하는 자신을 만나게 될 것이다.

우리 삶이 대나무를 닮았으면 하는 기대를 해본다. 대나무처럼 속을 비우고 대나무처럼 고난의 마디를 넘어 성장하기를 바란다. 그래야 어떤 바람에도 꺾이지 않고 늘 중심을 잡으며 꼿꼿하게 서 있게 된다. 단단하게 채워졌다고 강한 것이 아니다. 속이 비어 있고 마디가 있는 대나무 같은 사람이 되자. 삶이 힘든 때일수록 대나무를 떠올리고 대나무의 삶을 배우자. 그래야 사람이 강해진다.

멋있고 맛있는 인생 레시피　　　　　　　　　대나무처럼 살자

죽순처럼 성장하고 대나무처럼 꼿꼿하게 사십시오. 속은 텅 비워 놓고 무소유로 사십시오. 삶의 고비와 고비는 대나무의 마디가 됩니다. 인생을 멋있게 살려면 자연에게서 배우십시오. 자연법칙이 우주 법칙이고 곧 하늘의 법칙입니다. 한두 살 더 먹을수록 자연을 스승으로 모십시오.

죽을 때 후회할 리스트를
지금부터 줄이세요

한때 '죽기 전에 해야 할 리스트' 시리즈가 유행한 적이 있습니다. 하루하루 삶에 치여 미루어 놓았던 것들을 더 이상 미루지 말고 자신을 위해 즐기면서 살자는 취지입니다. 자기 계발서들이 유행하던 시대에 각 책들마다 공통된 주요 메시지 중에 하나가 '지금에 집중하자'였습니다. 지금 눈앞에 놓인 인생을 잘 살아야 미래가 행복하다는 것입니다.

저는 식품영양학을 공부한 사람으로서 '맛있는 걸 뒤로 미루지 말자'는 메시지를 전합니다. 어떤 사람은 맛있는 음식을 먼저 먹어 치우지만 아꼈다가 나중에 먹는 사람도 있습니다. 저는 인생에 있어서는 맛있는 것을 먼저 먹자고 이야기합니다.

우리는 눈앞에 놓인 멋진 풍경을 보고 다른 생각에 빠져 삽니다. 남들은 부러워할 만한 가정의 조건을 갖추고 있음에도 남의 가정을 부러워하며 더 많이 가지기 위해 자신과 가족을 채찍질합니다. 정신적 풍요를 위해 물질적 풍요를 희생하지 않고 물질을 위해 정신을 희생하며 삽니다. 웃음을 아끼지 말아야 하는데 독기마저 키우고 있어 삶이 싱싱하지 않습니다. 아침에 눈을 뜨고 맞이한 새로운 하루에 감사하지 않고 당장 이루어지지 않은 일들에 대한 걱정과 한숨으로 싱크홀을 만듭니다.

당신이 하는 걱정 중에 80%는 일어나지 않을 일이라고 이야기해도 걱정을 달고 삽니다. 걱정을 많이 하며 사는 사람은 눈 밑에 다크서클이 생기고 멀리서 봐도 우울해 보입니다. 그렇게 사는 것이 맛있고 멋있는 인생일까요? 물론 저도 그렇게 사는 사람 중 하나이기는 합니다만.

우리는 언젠가는 죽습니다. 죽음은 우리가 한 번은 가야 할 길입니다. 그 길을 아름답게 편안하게 가기 위해서는 현재의 삶을 잘 살아야 합니다. 물질에 정신을 희생한 인생은 그 길이 가시밭길입니다.

호스피스 병동에서 죽음을 앞둔 사람들이 후회하는 것은 대단한 내용이 아닙니다. 좀 더 웃고, 좀 더 즐기고, 좀 더 사람 만나는 일을 못 해서 후회합니다. 지금 살아 있는 우리들은 그런 일들이 별것 아니라고 생각하고 뒤로 미룹니다. 정작 인생에서 가장 중요한 영양소인데 말입니다. 저는 요즘 죽음에 대한 공부도 하려고 합니다. 행복한 마지막 길을 가기 위해서는 죽음도 배워야 한다고 생각하기 때문입니다.

평범한 일반인들에게 죽기 전에 후회하는 것들을 물어봤습니다. 호스피스 병동과는 조금 다르지만 공감이 가는 답이 나왔습니다. 첫째는 수많은 걱정거리를 안고 살아온 것, 둘째는 어떤 하나에 몰두해 보지 않은 것, 셋째는 좀 더 도전적으로 살지 못한 것, 넷째는 감정을 주위 사람들에게 솔직하게 표현하지 못한 것, 다섯째는 나의 삶이 아니라 주위 사람들이 원하는 삶을 살아온 것, 여섯째는 누군가에게 사랑한다고 말하지 못한 것, 일곱째는 친구들에게 자주 연락하지 못한 것, 여덟째는 자신감 있게 살지 못한 것, 아홉째는 세상의 많은 나라를 경험하지 못한 것, 마지막 열 번째는 결국 행복이란 나의 선택이라는 것입니다. 열 개 모두 공감이 가는 글들입니다. 이처럼 후회를 하지 않기 위해 살아야 한다는 생각을 합니다. 물론 어려운 일이지만요.

우리는 정말 많은 고난과 고통을 겪으며 삽니다. 세상 어떤 사람에게 고난이나 고통 하나쯤 없을까요. 권력을 가진 사람도, 재물을 가진 사람도 자기만의 고난과 고통이 있습니다. 그걸 인정하면 마음이 편합니다. 나만 그런 것이 아니니까 두려움이 없습니다. 모두가 힘들게 산다면 최소한 1분 1초라도 웃어야지 하며 마음먹어 보세요. 인생이 달라지지 않을까요.

세상은 나 혼자만 잘 사는 세상이 아닙니다. 넘어진 사람들에게 자연스럽게 손을 내밀 줄 알아야 합니다. '혼자 가면 빨리 가지만 함께 가면 멀리 간다'는 말은 명언이라고 생각합니다.

죽을 때 후회하는 리스트는 사람마다 다를 겁니다. 오늘 리스트를 종이 한 장에 죽 적어 보세요. 하루하루 살아가면서 리스트를 줄여 가는 삶을 살도록 노력해 보시죠. 그러면 행복은 저절로 찾아올 겁니다. 그것이 자신만의 인생을 맛있고 멋있게 사는 비결입니다.

아무리 힘든 일이 많아도 주저앉거나 의기소침하지 마세요. 숨 쉬고 살아 있는 당신 자체만으로도 멋진 인생입니다. 어떤 인생도 걱정이 없는 인생, 굴곡이 없는 인생은 없습니다. 어두운 터널은 계속되지 않습니다. 희망을 가지고 한숨보다 웃음으로 하루를 채우세요.

천방지축 많이 부족했지만 맛있는 인생을 살고 싶어 했던 한 사람, 전형주가 여러분의 후회 없는 멋진 인생을 응원하겠습니다.

인생 영양학자 전형주의

맛있게 멋있게 나답게

초판 1쇄 인쇄 2017년 8월 14일
초판 1쇄 발행 2017년 8월 21일

지은이 전형주

펴낸이 박세현
펴낸곳 팬덤북스

기획위원 김정대·김종선·김옥림
편집 김종훈, 이선희
디자인 심지유
영업 전창열

주소 (우)03966 서울시 마포구 성산로 144 교홍빌딩 305호
전화 070-8821-4312 | **팩스** 02-6008-4318
이메일 fandombooks@naver.com
블로그 http://blog.naver.com/fandombooks

등록번호 제25100-2010-154호

ISBN 979-11-6169-010-0 03190